INTERPRETATIONEN DEUTSCH

HEINRICH VON KLEIST

Michael Kohlhaas

Interpretiert von
Andrea Rinnert

STARK

Bildnachweis
Umschlagbild: Tim Grobe und Bettina Kerl als Michael und Lisbeth Kohlhaas in einer Dramenfassung von „Michael Kohlhaas" am Hamburger Schauspielhaus (2007); picture-alliance/dpa
Seiten 43, 50 und 63: © Cinetext
Seite 55: © ullstein – Klöckner
Seite 69: © Theater „Die Tonne", Reutlingen
Seite 105: © Theatrium, Bremen

ISBN 978-3-89449-500-8

www.stark-verlag.de
1. Auflage 2005

Inhalt

Autorin: Dr. Andrea Rinnert

Vorwort

Liebe Schülerin, lieber Schüler,

wahrscheinlich werden die meisten von Ihnen Heinrich von Kleists Erzählung *Michael Kohlhaas* zunächst als schwierige Lektüre empfinden. Schon allein die Vielzahl der Figuren stellt hohe Anforderungen an Ihre Aufmerksamkeit. Diese Interpretationshilfe soll Sie dabei unterstützen, sich einen Weg durchs Bedeutungsdickicht zu bahnen – damit Sie auch die vergnüglichen Seiten des Textes genießen können.

Als Erstes erhalten Sie Informationen zum biografischen Hintergrund sowie zur Entstehungsgeschichte der Erzählung. Der sich daran anschließende Abschnitt „Inhaltsangabe und Handlungsverlauf" hilft Ihnen mit einer Zusammenfassung des Geschehens, sich schnell im Text zu orientieren.

Im darauf folgenden Hauptteil werden ausführlich behandelt: Form und Struktur der Erzählung, die Charakterisierung der Hauptfiguren, zudem Motive und zentrale Aspekte, danach erzähltechnische und sprachliche Besonderheiten. Die Interpretation von Schlüsselstellen veranschaulicht exemplarisch, wie Sie bei der Deutung literarischer Texte zu nachvollziehbaren Ergebnissen gelangen können.

Abgeschlossen wird der Band mit Erläuterungen zu Rezeption und Wirkungsgeschichte, einer Übersicht über die Personen sowie kommentierten, weiterführenden Literaturhinweisen.

Andrea Rinnert

Andrea Rinnert

Einführung

Am 14. Dezember 1825 schrieb der Dichter Heinrich Heine an seinen Freund Moses Moser: „Vor kurzem habe ich auch den *Kohlhaas* von Heinrich von Kleist gelesen, bin voller Bewundrung für den Verfasser, kann nicht genug bedauern, daß er sich totgeschossen, kann aber sehr gut begreifen, warum er es getan."[1] Heines ironisch-pathetische Äußerung spielt treffend darauf an, dass in Kleists Werk eine **Vehemenz** und **Kompromisslosigkeit** zum Ausdruck kommen, die ihm im literarischen Leben seiner Zeit die Stellung eines Außenseiters zuwiesen.

Heute hingegen gilt Kleist als **bedeutender Schriftsteller**. Davon zeugt auch die Verbreitung der 1810 erstmals veröffentlichten Erzählung *Michael Kohlhaas*, deren Handlung im 16. Jahrhundert angesiedelt ist: Kaum ein anderes literarisches Werk wurde im deutschen Sprachraum so häufig in Einzel- oder Werkausgaben sowie Sammelbänden publiziert; darüber hinaus nimmt die Erzählung im Deutschunterricht unter den Texten Kleists den ersten Rang ein. Und auch außerhalb von Schule und Wissenschaft hat die Figur des Pferdehändlers Michael Kohlhaas **Popularität erlangt**: Als „Kohlhaas" bezeichnet man gemeinhin einen Menschen, der verbissen gegenüber staatlichen Institutionen um sein Recht kämpft, beispielsweise wegen eines falschen Bußgeldbescheids.

Wo liegen die Ursachen für diese Verbreitung und Bekanntheit der Erzählung? Ihre Faszination ergibt sich zu einem Großteil aus ihrer **besonderen Struktur**: Die Themen Widerstand, Rache, Gerechtigkeit, Selbstjustiz, Machtmissbrauch und Rechtsstaatlichkeit sind so miteinander verflochten, dass sich vielfältige Bezüge ergeben, die einander verstärken, aber sich auch gegenseitig relativieren oder sogar aufheben. Die Folge sind Widersprüche, Doppeldeutigkeiten und unvereinbare Wertungen, die durch keine noch so genaue Interpretation auflösbar oder in eine einzige klare Botschaft überführbar wären. Zwar zeichnet sich jedes Kunstwerk, und damit auch jeder literarische Text, durch **Ambiguität** (Doppel-/Mehrdeutigkeit) aus, aber Kleist inszeniert dieses Merkmal als prägendes Stilmittel – ohne dass sich daraus eine Beliebigkeit der möglichen Deutungen ergäbe.

Ihre **Uneindeutigkeit** ist der Erzählung nicht als Mangel auszulegen. Im Gegenteil, die raffinierte Ausnutzung des ästhetischen Spielraums macht ihren Reiz und ihre Qualität aus. Die Mehrdeutigkeit von *Michael Kohlhaas* ist so beschaffen, dass sie einen immer wieder **provoziert**, **Partei zu ergreifen**: Man wird implizit aufgefordert, zu beurteilen, ob der Protagonist borniert oder konsequent handelt, ob er ein unverbesserlicher Querulant und Fanatiker oder ein couragierter Verteidiger rechtsstaatlicher Prinzipien ist. Der Text kreist dabei um die Frage, wann die Verteidigung von Recht in Unrecht umschlägt, und entzieht sich zugleich einer definitiven Antwort. Die Erzählung **irritiert auf produktive Weise**: Indem sie kunstvoll eine schematische Einteilung in Gut und Böse unterläuft, regt sie ihre Leserinnen und Leser zu einer fortwährenden Auseinandersetzung mit den geschilderten Problemen des Verhältnisses von Individuum und Gesellschaft an.

Doch inwiefern kann es für uns heute, rund 200 Jahre nach der Entstehung der Erzählung, überhaupt noch interessant sein, sich mit einer historischen Epoche zu befassen, in der **Rechtsstaatlichkeit**, wie wir sie heute hierzulande für selbstverständlich halten, lediglich ansatzweise vorhanden war? Sind die Probleme, die *Michael Kohlhaas* diskutiert, nicht überholt angesichts der Tatsache, dass wir im Unterschied zum Protagonisten **Gewaltenteilung** (Legislative, Exekutive und Jurisdiktion) und

Rechtssicherheit genießen, das heißt, dass wir uns auf das, was als Recht gilt, sowie auf die Bindung der Rechtsprechung und der Verwaltung an die Gesetze prinzipiell verlassen können?

Die **Aktualität** der Erzählung speist sich jedoch genau aus dem Spannungsverhältnis zwischen unserer Gegenwart und der Kleists beziehungsweise der Gegenwart der erzählten Ereignisse: Vor dem Hintergrund von *Michael Kohlhaas* wird zum einen der Rechtsstaat, der uns inzwischen selbstverständlich scheint, als eine **Errungenschaft** wahrnehmbar, die in vielen Teilen der Welt noch keineswegs verwirklicht ist.

Zum anderen schärft die historische Distanz den Blick für grundsätzliche Parallelen – das heißt für **Gefährdungen**, denen der Rechtsstaat auch hierzulande immer wieder ausgesetzt ist. Eine Ausweitung staatlicher Machtbefugnisse kann die Liberalität der Demokratie bedrohen.

Auch im 21. Jahrhundert gibt es Beispiele dafür, dass die Verteidigung des Rechtsstaats ins Gegenteil umschlagen kann. Heute verbreitet der islamistische Terrorismus **Angst**, sodass staatliche Maßnahmen, die mehr **Sicherheit** versprechen, häufig auch dann gebilligt werden, wenn sie zu einer größeren Überwachung des Einzelnen führen oder auf Kosten von Freiheitsrechten gehen – wie etwa die sogenannte präventive Sicherungshaft oder die Einebnung der Grenzen zwischen Polizei, Geheimdienst und Militär.

Dabei entfalten **Feindbilder** eine verhängnisvolle Wirkung, wie *Michael Kohlhaas* illustriert: Wenn der Rosshändler im Vertrauen auf seine gerechte Sache in den Krieg zieht und dabei alle, die nicht auf seiner Seite stehen, als seine Feinde begreift, dann wird in dieser selbstgerechten Haltung ein vereinfachtes Weltbild deutlich, das einem auch heute begegnet – in unterschiedlicher Zuspitzung nicht nur bei Terroristen, sondern fatalerweise auch bei jenen Politikern, die ihnen Einhalt gebieten wollen. Es besteht die Gefahr, die eigene Gewalt stets als notwendige Reaktion auf die fremde zu begreifen – etwa als Vergeltungs- oder Präventivschläge – und durch dieses Denkmuster eine **Spirale der Gewalt** zu forcieren.

Der Nationalsozialismus hat gezeigt, dass Gesetze für Diskriminierung und Völkermord missbraucht werden können. Wer gegen eine **Diktatur** aufbegehrt, ist mitunter gezwungen, gegen geltendes Recht zu verstoßen, und beruft sich dabei auf ein höheres Recht, auf Menschenrechte und Gerechtigkeit. Legales und ethisches Handeln sind demzufolge nicht notwendigerweise deckungsgleich; man denke etwa an den Hitler-Attentäter Graf von Stauffenberg. Aber auch in einer **Demokratie** ist man nicht der Aufgabe enthoben, selbstkritisch zu prüfen, ob das eigene Handeln Gewalt fördert oder Ungerechtigkeit verstärkt.

Eine Auseinandersetzung mit Kleists Erzählung *Michael Kohlhaas* kann dazu beitragen, die Sensibilität gegenüber Selbstgerechtigkeit und gegenüber der Entwicklung von Feindbildern zu erhöhen.

Biografie und Entstehungsgeschichte

1 Biografischer Hintergrund

Heinrich von Kleist. Kreidezeichnung nach einem verschollenen Miniaturbild von seiner Braut Wilhelmine von Zenge, um 1806

Bernd Heinrich Wilhelm von Kleist wird am 18. Oktober 1777 in **Frankfurt an der Oder** geboren. Er ist der älteste Sohn und das dritte von fünf Kindern des preußischen Kompaniekapitäns Joachim Friedrich von Kleist und dessen zweiter Frau Juliane Ulrike von Pannwitz.

Von 1781 bis 1782 erhält Heinrich von Kleist Unterricht bei einem Hauslehrer, dem Theologen Christian Ernst Martini. Seine schulische Ausbildung in **Berlin**, wo er ab Januar 1788 bei dem Prediger Samuel Heinrich Catel erzogen wird und ein Gymnasium besucht, endet vorzeitig aus finanziellen Gründen, als sein Vater im Juni desselben Jahres stirbt.

1792 tritt der Vierzehnjährige in das Potsdamer Garderegiment ein. Dieser Schritt war vorgezeichnet durch die militärische Tradition des Kleistschen Adelsgeschlechts, dessen männliche Mitglieder vielfach eine **soldatische Laufbahn** einschlugen. Von 1793 an, bald nach dem Tod seiner Mutter, nimmt Kleist im Ersten Koalitionskrieg an einem Feldzug gegen das französische Revolutionsheer teil; ab 1795 versieht er seinen Dienst in der

Potsdamer Kaserne, wo er neben seinen Verpflichtungen viel Zeit zum Musizieren sowie für wissenschaftliche Studien findet, die er zusammen mit seinen ebenfalls bildungshungrigen Kameraden Ernst von Pfuel und Rühle von Lilienstern betreibt. Letzterem widmet er seine **erste philosophische Schrift**, den *Aufsatz, den sichern Weg des Glücks zu finden* von **1798** – darin entwickelt er seine Vorstellung von tugendhaftem Handeln. **1799 kehrt** Heinrich von **Kleist der Armee den Rücken**: In Briefen an seinen ehemaligen Hauslehrer Martini erklärt er sein Ausscheiden mit einer „Neigung zu den Wissenschaften" und verurteilt das Militär als „lebendiges Monument der Tyrannei".

Noch im selben Jahr immatrikuliert sich Kleist an der Universität seiner Heimatstadt **Frankfurt** und hört Vorlesungen in Mathematik, Philosophie, Physik, Jura sowie Staats- und Volkswirtschaftslehre. Er verkehrt im Haus eines Generalmajors und verlobt sich 1800 mit dessen Tochter Wilhelmine von Zenge – inoffiziell, da ihre Eltern die Verbindung erst bekannt geben wollen, sobald Kleist ein auskömmliches Amt bekleidet.

Kurz darauf **bricht** Kleist **sein Studium** mit der Begründung **ab,** die Schriften Immanuel Kants (1724–1804) hätten seinen Glauben an die Wissenschaft unwiderruflich erschüttert, da sie die Möglichkeit objektiver Erkenntnis verwerfen. Danach bemüht er sich halbherzig um einen Posten in der zivilen Verwaltung: Er hospitiert 1800 in der Abteilung Technische Deputation, eröffnet aber gleichzeitig seiner Verlobten, kein „bloßes Werkzeug" eines Staates abgeben zu wollen und sich mit dem Gedanken an eine Existenz als **Schriftsteller** zu tragen.

Letztere Zukunftsvorstellung gewinnt bald Kontur: Bei einer Reise nach Paris, die Kleist 1801 mit seiner Halbschwester Ulrike unternimmt, entstehen Teile seines **ersten Dramas** *Die Familie Schroffenstein*, einer Variation des Romeo-und-Julia-Motivs. Das Stück stellt Kleist in der **Schweiz** – auf der Delosea-Insel im Thuner See – fertig, wo er auch das Lustspiel *Der zerbrochene*

Krug zu schreiben beginnt. Sein Vorhaben, in dieser Gegend einen Bauernhof zu kaufen und dort ein zurückgezogenes Leben zu führen, billigt seine Verlobte nicht. 1802 kommt es zum Bruch mit ihr.

1803 ist Kleist **bei Christoph Martin Wieland**, einem Vertreter der Weimarer Klassik, zu Gast und findet bei ihm Anerkennung mit Szenen aus seinem Trauerspiel *Robert Guiskard*, das von einem Normannenfürsten handelt. Die Schwierigkeiten bei der Vollendung des Textes stürzen ihn jedoch in eine **schwere Krise**: Schließlich vernichtet er das Fragment und verfolgt vorübergehend den Plan, in den Krieg zu ziehen – vermutlich in der Hoffnung, so den Tod zu finden. In **Mainz** erleidet er einen **Zusammenbruch** und ist monatelang krank.

An seinen dichterischen Fähigkeiten grundsätzlich zweifelnd, tritt Kleist 1805 in Berlin eine Anstellung im Finanzministerium an und wird zur Weiterbildung nach Königsberg geschickt. Aber letztlich gewinnen seine Vorbehalte gegen ein Amt die Oberhand: Ein längerer Genesungsurlaub mündet **1806** in seinen **endgültigen Abschied vom Staatsdienst**. In diesem Zeitraum entstehen erste Fassungen der Erzählungen *Michael Kohlhaas* und *Das Erdbeben in Chili* sowie des Trauerspiels *Penthesilea*, das mit der Darstellung der zerstörerischen Macht erotischer Liebe gegen das Antikebild der Klassik verstößt.

Im März **1807** wird Kleist irrtümlich der Spionage verdächtigt und in Frankreich mehrere Monate in Kriegsgefangenschaft gehalten. Anschließend zieht er um nach **Dresden** – dort beginnt seine **produktivste Phase als Schriftsteller** und Publizist. In der sächsischen Residenzstadt trifft er Ernst von Pfuel und Rühle von Lilienstern wieder und schließt Freundschaft mit dem Ökonomen Adam Müller. Zu viert wollen sie ein Verlags- und Buchhandelsunternehmen gründen, doch das Projekt scheitert 1808 an der verweigerten Konzession. Auch die Weimarer Uraufführung des *zerbrochenen Krugs* ist ein Misserfolg; dies führt zum offenen **Konflikt mit Goethe**, der für die Inszenierung verantwortlich war. Kleist attackiert den Dichterfürsten in der **Zeitschrift** *Phöbus*, die er gemeinsam mit Adam Müller herausgibt. In deren sechster Ausgabe erscheint im Juni 1808 der erste Teil von *Michael Kohlhaas*. Da der *Phöbus* jedoch ein Verlustgeschäft ist, wird er bereits **1809 eingestellt**.

Mit den Siegen, die der französische Kaiser Napoleon I. mit seinen Truppen gegen Preußen und dessen Verbündete erringt, kommt Kleists antinapoleonische Haltung zum Tragen: Er ist in politischer Mission – wahrscheinlich als Spion – unterwegs, konzipiert die patriotische Zeitung *Germania*, veröffentlicht tendenziöse Lyrik (*Katechismus der Deutschen*) und verfasst *Die Hermannsschlacht* – ein fünfaktiges Versdrama über einen Cheruskerfürsten, der Germanien von der römischen Besatzungsmacht befreit, was als kaum verhohlener Appell an die preußischen Machthaber verstanden wurde, die französische Fremdherrschaft abzuschütteln.

1810 verlagert Kleist seinen Wohnsitz zurück nach **Berlin**, wo er einen regelmäßigen Kontakt mit den romantischen Schriftstellern Achim von Arnim, Clemens Brentano und Friedrich de la Motte Fouqué pflegt. Noch im selben Jahr veröffentlicht er einen Band mit **Erzählungen**, der auch die vollständige Fassung des *Michael Kohlhaas* enthält. In Anspruch nimmt ihn vor allem die Herausgabe der *Berliner Abendblätter*, der **ersten Tageszeitung Deutschlands**. Dort publiziert Kleist neben politischen viele seiner philosophischen und ästhetischen Schriften, darunter den berühmten Aufsatz *Über das Marionettentheater*.

Als die *Berliner Abendblätter* sich nicht mehr halten können, befindet sich Kleist in einer **miserablen finanziellen Situation**. Seine Lage spitzt sich zu, als seine Bemühungen um eine sofortige Aufnahme in die Armee vergeblich bleiben und er sich wegen Geldangelegenheiten mit seiner Familie überwirft. Schließlich vollzieht er den **gemeinsamen Freitod** mit einer unheilbar kranken Freundin: Am 21. November **1811** erschießt Kleist am Kleinen Wannsee bei Potsdam **Henriette Vogel** und sich selbst. In einem Abschiedsbrief an seine Halbschwester Ulrike findet er für seine Verzweiflung folgende Worte: „Die Wahrheit ist, daß mir auf Erden nicht zu helfen war."

Kleists Biografie ist häufig von ihrem Aufsehen erregenden Ende her gedeutet worden. Sein Selbstmord bestätigt das Bild eines kompromisslosen, psychisch instabilen **Außenseiters**, der mit einem genialen Werk wohl auch deshalb im literarischen Leben seiner Zeit randständig blieb, weil es sich keiner der beiden dominanten zeitgenössischen literarischen Strömungen – weder der Klassik noch der Romantik – zuordnen ließ.

Kleists ökonomische Probleme waren indes nicht ungewöhnlich, sondern zeugen von den Schwierigkeiten eines Schriftstellers, sich im damaligen literarischen Markt als Künstler zu positionieren und gleichzeitig finanziell erfolgreich zu sein: Denn die so genannte hohe Literatur, die sich seit dem Ende des 18. Jahrhunderts in Abgrenzung von einer massenhaft produzierten und rezipierten Unterhaltungsliteratur herausbildete, erreichte lediglich die Minderheit der gebildeten Schichten.

Bei einem größeren zeitgenössischen Publikum fand Kleist vor allem mit seinen **Erzählungen** Anklang. Seine **Dramen**, die er als Zentrum seines Schaffens und als die höherwertige Gattung begriff, fielen bei den Zuschauern häufig durch oder gelangten gar nicht erst auf die Bühne: Außer der erwähnten Inszenierung von *Der zerbrochene Krug* im Jahr 1808 wurden zu Kleists Lebzeiten lediglich noch sein Debütdrama *Die Familie Schroffenstein* (1804) sowie *Das Käthchen von Heilbronn* uraufgeführt (1810), das Elemente des romantischen Ritterschauspiels aufgreift.

2 Entstehungsgeschichte

Der Untertitel „Aus einer alten Chronik“ weist darauf hin, dass der Handlung von Kleists Erzählung eine **reale historische Begebenheit** zugrunde liegt: In Cölln an der Spree lebte in der frühen Neuzeit ein Kaufmann namens **Hans Kohlhase**. Am 1. Oktober 1532 wurden ihm, als er zur Leipziger Messe reiste, auf Geheiß des Junkers von Zaschwitz zwei Pferde weggenommen – unter dem Verdacht, sie seien gestohlen. Nachdem er erfolglos juristisch dagegen vorgegangen war, erklärte Kohlhase 1534 die Fehde und zündete Häuser in Wittenberg an. Auch durch einen mahnenden Brief des Reformators Martin Luther (1483–1546) ließ er sich nicht von weiteren Verbrechen abbringen. Schließlich wurde er am 22. März 1540 in Berlin hingerichtet.

Von diesem historischen Fall, der ihm den **Stoff** zu seiner Erzählung lieferte, erfuhr Kleist **1804 oder 1805** durch die *Diplomatische und curieuse Nachlese der Historie von Ober-Sachsen und angrentzenden Ländern* von Christian Schöttgen und Georg Christoph Kreysig: In dieser Publikation aus dem Jahr 1731 war – als Auszug aus der *Märkischen Chronic* von Peter Hafftiz – eine zehnseitige „Nachricht von Hans Kohlhasen“ abgedruckt. Wahrscheinlich entstanden auf der Basis dieser Quelle **1806 erste Vorarbeiten** zur Erzählung.

Michael Kohlhaas gehörte zu jenen sechs der insgesamt acht Erzählungen Kleists, die **1808** in der Zeitschrift *Phöbus* erstmals **veröffentlicht** wurden. Bei dieser Version von *Michael Kohlhaas* handelte es sich um ein **Fragment**, das lediglich ein Viertel der späteren Länge umfasste: Der Text endet mit dem Hinweis „Die Fortsetzung folgt“, als Kohlhaas nach der Beerdigung seiner Frau zum Überfall auf die Tronkenburg aufbricht.

Für die **endgültige Fassung**, die dann im September des Jahres **1810** in einem Erzählungsband Kleists herauskam, hat der Autor auch den ersten Teil überarbeitet – vor allem dahingehend, dass vage Ortsangaben konkretisiert wurden: Zum Beispiel heißt es dann „Elbe“ statt „Grenzfluß“, „Dresden“ statt „Residenz“, oder es findet sich der Zusatz „auf sächsischem Gebiete“, wo vorher nur „bei einer stattlichen Ritterburg“ zu lesen war. Die **Unbestimmtheit der ursprünglichen Fassung** erklärt sich vermutlich aus der Tatsache, dass der Verlag der Zeitschrift *Phöbus* im sächsischen Dresden seinen Sitz hatte und die dortige Zensurbehörde nicht durch obrigkeitskritische Passagen auf den Plan gerufen werden sollte.

Der historische Fall des Hans Kohlhase lieferte jedoch lediglich Grundidee und Handlungsgerüst für die Erzählung. Kleist übernahm zwar die wichtigsten Fakten – die zeitliche Verortung, die Hauptfigur, deren Selbstjustiz und Hinrichtung –, integrierte sie allerdings in einen eigenen Sinnzusammenhang, der ein Produkt seiner künstlerischen Imagination darstellt. So gestaltete Kleist beispielsweise seinen fiktiven Kohlhaas sympathischer als den realen – etwa indem er ihn durch die Umstände, unter denen er seine Pferde verliert, unzweideutig als Opfer eines dreisten Willkürakts charakterisiert, während der historische Kohlhase irrtümlich für einen Dieb gehalten wird. Auch hierin von der Überlieferung abweichend, steigert Kleist außerdem das Rachebedürfnis seines Protagonisten, indem er dessen Ehefrau vor ihm sterben lässt. Des Weiteren enthält der Text auch erfundene Elemente, die der Handlung eine **größere Komplexität** verleihen: Zum einen wird durch die geheimnisvolle Figur der Wahrsagerin eine **magische Dimension** eingeführt, die quer steht zur chronikhaften Erzählhaltung; zum anderen sind die **Kurfürsten** Sachsens und Brandenburgs im Unterschied zu den damaligen Amtsinhabern als **Repräsentanten gegensätzlicher Amtsauffassungen** gestaltet – zumindest vordergründig.

Inhaltsangabe und Handlungsverlauf

Kleists Erzählung weist selbst keinerlei Unterteilung in Kapitel auf. Um die folgende Wiedergabe von Inhalt und Handlungsverlauf übersichtlicher zu gestalten, wurde der Text in zweckmäßige Abschnitte gegliedert. (Die Seitenzahlen beziehen sich auf die Ausgabe bei Reclam, siehe *Literaturhinweise*.)

Die Handlung vollzieht sich um die Mitte des 16. Jahrhunderts in Brandenburg und Sachsen – im damaligen deutschen Reich benachbarte Gebiete, die eigene Fürstentümer bildeten.

I. Kohlhaas gerät in Konflikt mit Tronka (S. 3–10)

Michael Kohlhaas, ein angesehener Pferdehändler und treu sorgender Familienvater, wird auf einer Geschäftsreise, die ihn von seiner Heimat Brandenburg nach Sachsen führt, hinter der Landesgrenze an der Tronkenburg durch einen neu aufgestellten Schlagbaum aufgehalten. Kohlhaas entrichtet den geforderten Zoll und erhält die Auskunft, der neue Schlossherr Junker Wenzel von Tronka habe diese Abgabe angeordnet. Als Kohlhaas sich anschickt weiterzureiten, hindert ihn der Schlossvogt am Aufbruch, indem er von ihm einen Passierschein verlangt. Kohlhaas vermutet einen Irrtum oder einen Willkürakt und will mit dem Schlossherrn selbst sprechen.

Im Schloss trifft Kohlhaas den Junker in Gesellschaft mehrerer Ritter an. Sie zeigen sich äußerst angetan von Kohlhaas' erstklassigen Pferden; ein Geschäft kommt jedoch aufgrund unterschiedlicher Preisvorstellungen nicht zustande. Als Kohlhaas mit seinen Pferden aufbrechen will, wiederholt der Schlossvogt seine Forderung nach einem Passierschein. Dessen Notwendigkeit bestätigt der Junker verlegen, lässt sich aber von Kohlhaas dazu bewegen, das Schriftstück erst später, auf Kohlhaas' Rückweg, vorgelegt zu bekommen. Der Schlossvogt stimmt dem unter der Bedingung zu, dass Kohlhaas zwei Rappen als Pfand zurücklässt. Notgedrungen erklärt Kohlhaas sich einverstanden und stellt seinen Knecht Herse zur Betreuung der beiden wertvollen Tiere ab.

In Dresden, der Hauptstadt Sachsens, erlangt Kohlhaas Gewissheit darüber, dass der ihm abverlangte Passierschein nicht rechtens ist. Ausgestattet mit einer schriftlichen Bestätigung über diesen Sachverhalt, begibt er sich einige Wochen später, nachdem er seine anderen Pferde verkauft hat, ohne Groll zur Tronkenburg.

Dort muss er zum einen erfahren, dass man inzwischen seinen Knecht Herse verprügelt und davongejagt hat, weil er sich angeblich geweigert hat, die Pferde umzuquartieren. Zum anderen findet er seine beiden Rappen, die für die Feldarbeit eingesetzt wurden, völlig abgemagert und vernachlässigt vor. Als Kohlhaas sich beim Schlossvogt beschwert, bezichtigt ihn dieser eines rebellischen Verhaltens. Der Junker beschimpft Kohlhaas ebenfalls und stellt ihn vor die Wahl, die Pferde entweder in ihrem jetzigen Zustand mitzunehmen oder sie dazulassen. Kohlhaas entscheidet sich für Letzteres, da er die Tiere als reif für den Abdecker erachtet. Er reitet mit der Ankündigung davon, sich in dieser Angelegenheit Recht verschaffen zu wollen.

II. Die erfolglose Suche nach Gerechtigkeit (S. 10–28)

Kohlhaas verhört seinen Knecht

Statt wie geplant direkt nach Dresden zu reiten, um Klage gegen den Junker einzureichen, kehrt Kohlhaas heim ins brandenburgische Kohlhaasenbrück, um seinen Knecht Herse über die Vorgänge auf der Tronkenburg zu befragen. Er will sichergehen, dass jener sich nichts hat zuschulden kommen lassen. Unterwegs hört Kohlhaas, dass auch andere Reisende auf der Tronkenburg belästigt wurden. In ihm festigt sich der Entschluss, dagegen vorzugehen – sowohl, um sich Genugtuung für die eigene Kränkung zu verschaffen, als auch zum Nutzen der Allgemeinheit.

Zu Hause teilt ihm seine Frau Lisbeth mit, dass Herse vor zwei Wochen schwer verletzt eingetroffen und noch nicht ganz genesen sei. Kohlhaas verhört Herse und bringt in Erfahrung, dass dieser auf der Tronkenburg systematisch provoziert wurde: Nachdem man ihn gezwungen hatte, die beiden Rappen als Ackergäule auszubeuten und sie in einem niedrigen Schweinekoben einzuquartieren, wurde er schließlich des Diebstahls bezichtigt, als er die Tiere wegführen wollte, um sie zu versorgen; dieses Vorkommnis nahmen der Schlossvogt und der Verwalter zum Vorwand, um den Knecht verprügeln und durch Hunde vom Hof jagen zu lassen. Nach dieser Unterredung ist Kohlhaas von Herses Unbescholtenheit überzeugt und verspricht ihm Wiedergutmachung.

Kohlhaas verklagt den Junker in Dresden

In seinem Rechtsempfinden bestärkt von seiner Frau Lisbeth, treibt Kohlhaas nun seinen Plan voran, in der sächsischen Landeshauptstadt Dresden seinen Fall vor Gericht zu bringen. Er nimmt sich einen Anwalt und fordert neben der Bestrafung des Junkers auch die Wiederherstellung der Pferde sowie Schadensersatz für sich und seinen Knecht. Beruhigt über die eindeutige Rechtslage kehrt er nach Hause zurück.

Da Kohlhaas monatelang keine Nachricht über den Stand der Streitsache erhalten hat, wendet er sich brieflich an seinen Anwalt und erfährt, dass zwei Vettern des Junkers – Hinz und Kunz von Tronka, die am Hof des Kurfürsten von Sachsen das Amt des Mundschenks beziehungsweise des Kämmerers bekleiden – für die Abweisung der Klage gesorgt haben. Der Anwalt rät Kohlhaas, seine Pferde abzuholen und es dabei bewenden zu lassen.

Kohlhaas setzt auf seinen eigenen Landesherrn

Heinrich von Geusau, Hauptmann der Stadt Brandenburg, ist Kohlhaas gewogen und will ihm helfen: In einer Bittschrift ersucht er Kohlhaas' Landesherrn, den in Berlin residierenden brandenburgischen Kurfürsten, die Interessen seines Untertans gegenüber dem sächsischen Kurfürsten zu verteidigen. Abermals kehrt Kohlhaas beruhigt nach Kohlhaasenbrück zurück.

Wenige Wochen später erfährt er allerdings, dass der Kurfürst von Brandenburg das Schreiben seinem Kanzler, dem Grafen Kallheim übergeben hat, der sich zur Klärung der Angelegenheit statt an den Hof in Dresden direkt an den Junker Wenzel von Tronka gewandt hat, weil er mit diesem ebenfalls verwandt ist. Kohlhaas versetzt diese Nachricht in eine trübe Stimmung, die sich in Wut verwandelt, als ihm eine Resolution der brandenburgischen Staatskanzlei zugeht, in der er als Querulant bezeichnet und aufgefordert wird, seine Rappen ohne weiteres Aufheben von der Tronkenburg abzuholen.

Kohlhaas befürchtet, dass der Junker sich noch aus der Affäre zieht, indem er ihm die Pferde bringen lässt, aber er hört nach einer Weile mit einer gewissen Befriedigung, dass seine beiden Rappen weiterhin auf der Tronkenburg ausgebeutet werden.

Da Kohlhaas nicht länger in einem Land bleiben mag, in dem seine Rechte von der Obrigkeit nicht geschützt werden, trifft er Vorkehrungen, um seine Besitztümer, ausgenommen Waffen und Pferde, an einen Nachbarn zu verkaufen. Er beschließt außerdem, persönlich beim Kurfürsten von Brandenburg vorstellig zu werden, um doch noch eine Wende herbeizuführen. Obwohl Lisbeth in den Gerechtigkeitssinn des Kurfürsten ebenfalls Vertrauen setzt, fürchtet sie, dass ihr Mann sich unnötig in Gefahr begibt. Es wäre ihr am liebsten, wenn er seine Pferde ohne weitere Umstände von der Tronkenburg abholen würde, aber sie wagt nicht, ihm dies zu gestehen.

Kohlhaas' Frau Lisbeth stirbt

Lisbeth schlägt Kohlhaas vor, statt seiner zum Kurfürsten nach Berlin zu reisen: Sie will ihre persönlichen Beziehungen zum Kastellan des kurfürstlichen Schlosses ausnutzen, der früher zu ihren Verehrern gehörte. Kohlhaas stimmt erfreut zu und schickt sie in Begleitung seines Knechts Sternbald nach Berlin.

Nach wenigen Tagen kehrt Lisbeth jedoch unverrichteter Dinge und lebensgefährlich verletzt von ihrer Mission zurück. Bei dem Vorhaben, an den Kurfürsten heranzutreten, erhielt sie von einer übereifrigen Wache einen heftigen Stoß mit dem Schaft einer Lanze; danach nahm ihr ein Ritter die Bittschrift ab.

Auf dem Totenbett zeigt sie ihrem Mann noch mahnend einen Bibelvers, der fordert, den eigenen Feinden zu vergeben. Davon zeigt Kohlhaas sich unbeeindruckt.

Er richtet seiner Frau ein ungewöhnlich prächtiges Begräbnis aus und erhält am Grab die offizielle Antwort auf das Bittschreiben, das Lisbeth nach Berlin brachte: Abermals wird er aufgefordert, seine Pferde von der Tronkenburg abzuholen – diesmal unter der Androhung, ihn ins Gefängnis zu werfen, falls er sich mit dieser Lösung nicht zufriedengibt.

III. Kohlhaas nimmt Rache (S. 28–40)

Zerstörung der Tronkenburg

Sofort nach der Beerdigung seiner Frau fordert Kohlhaas durch einen Boten den Junker Wenzel von Tronka ultimativ auf, innerhalb von drei Tagen die beiden Rappen nach Kohlhaasenbrück zu bringen und sie dort eigenhändig wieder aufzufüttern. Nach Ablauf der Frist verkauft Kohlhaas sein Haus, bringt seine Kinder jenseits der Landesgrenze in Sicherheit und reitet zusammen mit Herse und sieben weiteren Knechten zur Tronkenburg, um den Junker zu holen. Sie stecken das Gebäude in Brand, plündern es und ermorden den Schlossvogt und den Verwalter mitsamt ihren Familien sowie einen Verwandten des Junkers. Dem Junker selbst gelingt im Getümmel die Flucht. Seine beiden Rappen lässt Kohlhaas nach einem Wutanfall einfach im Burghof stehen.

Verfolgung des Junkers zum Kloster Erlabrunn

Kohlhaas vermutet, dass der Junker Unterschlupf bei seiner Tante gefunden hat, der Äbtissin im Fräuleinstift Erlabrunn. Er lässt ein Mandat in der Gegend verbreiten, in dem er unter Drohungen an die Bevölkerung appelliert, ihn bei einem gerechten Krieg zu unterstützen und den Junker an ihn auszuliefern.

Nachdem Kohlhaas die Bestätigung erhalten hat, dass sich der Junker in Erlabrunn befindet, reitet er mit seiner Truppe, der sich auch ein paar Knechte des Junkers angeschlossen haben, zum Stift. Bei seiner Ankunft teilt ihm die Äbtissin jedoch mit, ihr Neffe befinde sich nun in Wittenberg. Kohlhaas nimmt davon Abstand, das Stift zu zerstören, weil ihm die Äbtissin glaubhaft versichert, dass sie dem Mandat von Kohlhaas nicht zuwidergehandelt hat, sondern es erst nach dem Aufbruch des Junkers erhielt.

Angriff auf Wittenberg und Belagerung von Leipzig

Kohlhaas ist entschlossen, den Junker in Wittenberg zu ergreifen. Er veröffentlicht zwei weitere Mandate, in denen er sein Vorhaben christlich legitimiert und Mitstreitern finanzielle Vorteile in Aussicht stellt. So gelingt es ihm, die Zahl seiner Kampfgefährten von zehn auf über 30 zu erhöhen.

Am Abend vor Pfingsten zündet er einige Häuser in Wittenberg an und droht, die ganze Stadt niederzubrennen, wenn man ihm den Junker nicht ausliefert. Vergeblich versucht der alte Landvogt Otto von Gorgas, Kohlhaas mit militärischen Mitteln zu stoppen: Geschickt operierend besiegt Kohlhaas 50 Männer und entweicht einem 150-köpfigen Heer. Nachdem er in der

Stadt zum dritten Mal Feuer gelegt hat, fordert das Volk, dessen Wut sich gegen den Junker richtet, die Vertreibung des Adeligen.

Der Landvogt nimmt den Junker in Schutzhaft und hofft, dass der sächsische Kurfürst einwilligt, ihn nach Dresden zu überstellen. Aber eine Resolution erteilt ihm einen abschlägigen Bescheid und kündigt ihm lediglich als Unterstützung 500 Soldaten an. Da der Landvogt Kohlhaas zutraut, auch mit dieser Übermacht fertig zu werden, unterschlägt er die Resolution und lässt eine verhüllte Kutsche nach Leipzig aufbrechen, die vermeintlich den Junker befördert. Danach zieht der Landvogt 300 Soldaten zusammen, um sie mit dem kurfürstlichen Heer zu vereinigen. Kohlhaas, dessen Bande immer mehr Zulauf erhält, erfährt von diesen Vorgängen: Er besiegt unter Verlusten – unter den Toten ist auch sein Knecht Herse – beide Heere und macht sich auf den Weg nach Leipzig.

Kohlhaas legt auch in Leipzig Feuer, besetzt das Schloss zu Lützen und verteilt ein Mandat, in dem er sich Statthalter des Erzengels Michaels nennt und das Volk zur Rebellion aufruft. Der Magistrat bestreitet, dass sich der Junker in Leipzig befindet, doch Kohlhaas beharrt auf seiner Auffassung und fordert zugleich, dass man ihm andernfalls dessen wahren Aufenthaltsort nennen soll. Der Kurfürst von Sachsen kündigt an, selbst mit einem Heer von 2 000 Mann nach Leipzig zu kommen.

IV. Das Eingreifen Martin Luthers (S. 40–48)

Um Kohlhaas ins Gewissen zu reden, lässt Martin Luther eine Nachricht an ihn überall in Sachsen plakatieren. Darin rügt er Kohlhaas für die Vermessenheit, mit der dieser im Namen Gottes als gerechter Vollstrecker auftritt. Zudem wirft er ihm vor, nicht beharrlich genug mit legalen Mitteln für sein Recht gekämpft und eine Obrigkeit angegriffen zu haben, die über die Angelegenheit gar nicht unterrichtet sei.

Als Angehöriger der reformierten Kirche ist Kohlhaas von Luthers Anschuldigungen tief getroffen. Umgehend trifft er Vorkehrungen, inkognito zu Luther nach Wittenberg zu reisen.

Kohlhaas dringt in Luthers Studierzimmer vor und zwingt den Reformator, ihn anzuhören: Sein Anliegen ist es, Luther davon zu überzeugen, dass dieser ihn falsch beurteilt. Kohlhaas rechtfertigt seine Rache damit, aus der Gemeinschaft seines Staates durch die Missachtung seiner Rechte verstoßen worden zu sein. Er ist dennoch einverstanden, seine Bande aufzulösen und dem Kurfürsten persönlich seinen Fall vorzutragen – vorausgesetzt, Luther verschafft ihm freies Geleit nach Dresden. Vor dem dortigen Gericht will Kohlhaas erneut auf Bestrafung des Junkers, Wiederherstellung der Pferde sowie Schadensersatz für sich und seinen Knecht Herse klagen. Schließlich erklärt Luther sich bereit, beim Kurfürsten für Kohlhaas Partei zu ergreifen, verweigert ihm aber das Bußsakrament, da der Pferdehändler nach wie vor nicht bereit ist, dem Junker zu vergeben – wie es einem Christen anstünde.

Am Morgen nach dieser Unterredung wendet sich Luther schriftlich an den sächsischen Kurfürsten und tritt dafür ein, Kohlhaas Amnestie zu gewähren – sowohl wegen des Unrechts, das diesem durch die kurfürstlichen Beamten widerfuhr, als auch zur Besänftigung der Öffentlichkeit, die auf der Seite von Kohlhaas steht.

V. Die Amnestie und deren Aufhebung (S. 48–80)

Kohlhaas wird freies Geleit nach Dresden gewährt

Der Kurfürst von Sachsen erhält Luthers Brief während einer Sitzung mit seinen höchsten Staatsbeamten, unter denen sich auch Hinz und Kunz von Tronka befinden, die sich aus ihrer Verantwortung für die Niederschlagung der Klage von Kohlhaas herausreden. Der Graf von Wrede, Großkanzler des Tribunals, hält es für sinnvoll, dem Vorschlag Luthers zu folgen, um den staatlicherseits begangenen Fehler wiedergutzumachen und die öffentliche Ordnung wiederherzustellen. Der Kurfürst schließt sich dieser Auffassung an – auch deshalb, weil Kohlhaas über großen Rückhalt in der Bevölkerung verfügt und seine Gefolgschaft inzwischen rund 400 Männer umfasst.

Mittels eines Plakats wird Kohlhaas darüber informiert, dass ihm freies Geleit nach Dresden gewährt wird – unter der Voraussetzung, dass er binnen drei Tagen seine Waffen niederlegt. Obwohl das Schreiben auch die Bedingung enthält, dass Kohlhaas keine Straffreiheit für seine Selbstjustiz zugestanden bekäme, falls seine Klage gegen den Junker unerwarteterweise abermals abgewiesen werden sollte, löst er umgehend seine Bande auf und trifft weitere Vorkehrungen, um sein früheres Leben wieder aufzunehmen: Er betreibt den Rückkauf seines Gehöfts und lässt seine Kinder aus Schwerin holen. Danach begibt er sich zu einer ihm verbliebenen Besitzung in Dresden.

Nach einem einvernehmlichen Gespräch mit dem Grafen Wrede reicht Kohlhaas seine Klage gegen den Junker ein: Darin fordert er abermals dessen Bestrafung, die Wiederherstellung der Pferde sowie Schadensersatz für sich und seinen Knecht beziehungsweise die Mutter des Verstorbenen.

Die Begutachtung der Rappen

Der aus seiner Schutzhaft in Wittenberg entlassene und kränkelnde Junker trifft als Angeklagter ebenfalls in Dresden ein. Gegenüber den Brüdern Hinz und Kunz, die ihrem Vetter übel nehmen, dass er ihre Familie ins Gerede gebracht hat, sucht sich der Junker zu rechtfertigen, indem er die Schuld für die Zugrunderichtung der Rappen auf den Verwalter und den Schlossvogt schiebt.

Im Auftrag des Junkers suchen Hinz und Kunz den Verbleib von Kohlhaas' Rappen zu ermitteln, die seit der Zerstörung der

Tronkenburg verschollen sind. Als Resultat ihrer langwierigen Nachforschungen erscheint in Dresden der Abdecker aus Döbbeln mit zwei in Frage kommenden Pferden. Der Junker und der Kämmerer Kunz setzen sich, als sie die ausgemergelten Tiere auf dem Schlossplatz begutachten, dem Gespött der herbeigelaufenen Menge aus. Da vom Abdecker keine Gewissheit bezüglich der Herkunft der Tiere zu erlangen ist, wird Kohlhaas herbeizitiert. Nachdem er die Tiere als die seinen identifiziert und sich entfernt hat, kommt es zu einer Schlägerei: Der Knecht, dem der Kämmerer befohlen hat, die Pferde abzuführen, weigert sich auf Anraten seines Vetters, da die Pferde eines Abdeckers als unberührbar gelten. Der Kämmerer, der daraufhin den Knecht misshandelt, kann erst von zufällig vorbeikommenden Soldaten vor der wütenden Menge gerettet werden. Die Rappen von Kohlhaas werden zurückgelassen und schließlich beim Dresdner Abdecker untergebracht.

Durch diesen Vorfall büßt Kohlhaas seine Beliebtheit beim Volk weitgehend ein: Er gilt nun vielen als ein Starrkopf, der wegen einer Nichtigkeit gewalttätig wurde und es nicht verdient, mit seiner Klage Erfolg zu haben. Kohlhaas wäre nun erstmals bereit, dem Junker zu vergeben; aber es kommt nicht zu einer Einigung, da beide Seiten zu stolz sind, den ersten Schritt zu unternehmen.

Das Intrigieren der Tronkas

Die öffentliche Meinung wendet sich vollends gegen Kohlhaas, als bekannt wird, dass Johann Nagelschmidt, einer seiner ehemaligen Gefährten, wieder plündernd mit einer Rotte durchs Land zieht: Nagelschmidt tritt als Kohlhaas' Statthalter auf und streut das Gerücht, Kohlhaas sei entgegen der kurfürstlichen Zusage gefangen genommen worden. Für Hinz und Kunz von Tronka sind diese Ereignisse eine willkommene Gelegenheit, das Misstrauen gegen Kohlhaas zu schüren: Ihre Verleumdungen gipfeln in der Behauptung, Kohlhaas habe seine Bande nur zum Schein aufgelöst und Nagelschmidt zu den Raubzügen angestiftet, um seiner Klage Nachdruck zu verleihen.

Da der Prinz Christiern von Meißen das Ansehen des Kurfürsten durch die intriganten Machenschaften der Ritter in Mitleidenschaft gezogen sieht, bestellt er Kohlhaas zum Verhör ein: Dieser vermag glaubhaft darzulegen, dass er mit Nagelschmidts Mandaten nichts zu tun hat und die Beziehung zu seinem ehemaligen Kameraden mittlerweile einer Todfeindschaft gleichkommt. Der Prinz garantiert Kohlhaas weiterhin Amnestie. Dieser distanziert sich brieflich von Nagelschmidt.

Nachdem dieser Verdacht ausgeräumt ist, heizen die Ritter die Stimmung weiter gegen Kohlhaas an, indem sie das Gerichtsverfahren, den Bemühungen des Großkanzlers zum Trotz, verschleppen: Sie lügen, nennen falsche Zeugen und graben sogar einen veralteten Erlass aus, der wegen einer Viehseuche die Einführung von Pferden aus Brandenburg nach Sachsen verbot.

Kohlhaas' Verhaftung und Verurteilung

Kohlhaas, der prüfen will, ob die Amnestie trotz der Hetze gegen ihn noch gilt, nimmt den Rückkauf seines Gehöfts zum Anlass, die Bewilligung einer Reise nach Kohlhaasenbrück zu beantragen. Der Großkanzler gestattet ihm zögernd acht Tage Abwesenheit unter der Voraussetzung, dass der Prinz von Meißen als Chef des Guberniums, der Verwaltung, die entsprechenden Pässe ausstellt. Da der Prinz abwesend ist, wird die Anfrage nicht bearbeitet. Zwölf Tage später wiederholt Kohlhaas sein Ersuchen um Pässe mit erhöhter Dringlichkeit; daraufhin wird die Zahl seiner Wachen erhöht.

Um seinen Status dennoch offiziell zu klären, gibt Kohlhaas vor, mit seinen Kindern zu einem Ausflug aufbrechen zu wollen. Die Abfahrt wird von einem Gubernial-Offizianten verhindert, der Befehl hat, Kohlhaas nicht unbewacht außer Haus zu lassen. Um die Echtheit dieses Befehls zu prüfen, sucht Kohlhaas den Freiherrn Friedrich von Wenk auf, der als Stellvertreter des Prinzen gerade einige Kampfgefährten Nagelschmidts verhört. In seiner Ungeduld lässt der Freiherr sich zu der Aussage hinreißen, die Amnestie sei gebrochen.

Da Nagelschmidt von dieser Entwicklung erfahren hat und staatliche Verfolger ihn verstärkt bedrängen, verfasst er einen Brief, in dem er Kohlhaas anbietet, ihn zu befreien, wenn dieser im Gegenzug wieder Anführer der Bande wird. Der Bote, der dieses Schreiben befördert, wird jedoch aufgegriffen, sodass der Freiherr von Wenk davon erfährt.

Zusammen mit Hinz und Kunz von Tronka und dem Grafen Kallheim sucht der Freiherr von Wenk den Kurfürsten zu überzeugen, dass der Brief ein geheimes Einverständnis zwischen Nagelschmidt und Kohlhaas beweise und dessen Verhaftung rechtfertige. Der Kurfürst erklärt sich bereit, Kohlhaas auf die Probe zu stellen, indem er ihm den Brief übergeben lässt.

Kohlhaas stimmt Nagelschmidts Vorschlag zum Schein zu; er hat vor, nach seiner Befreiung auszuwandern. Als Reaktion auf dieses Antwortschreiben wird der Großkanzler Wrede seines Amtes enthoben, der Graf Kallheim zu dessen Nachfolger bestimmt und Kohlhaas auf der Grundlage eines kurfürstlichen Kabinettsbefehls ins Gefängnis geworfen. Er wird zu einem besonders qualvollen Tod verurteilt.

VI. Das Gerichtsverfahren in Berlin (S. 80–109)

Die Fürsprache des Kurfürsten von Brandenburg

Der Stadthauptmann Heinrich von Geusau, der Kohlhaas immer noch wohlgesonnen ist, informiert den Kurfürsten von Brandenburg über die Verurteilung von Kohlhaas und weist ihn auf die Korruptheit des Kanzlers Graf Siegfried von Kallheim hin, der wegen seiner Verwandtschaft mit dem Junker von Tronka

Kohlhaas' Klage missachtete. Der Kurfürst zeigt sich empört, entlässt den Kanzler, verleiht Heinrich von Geusau dieses Amt und erhebt gegenüber der sächsischen Staatskanzlei Ansprüche auf Kohlhaas als seinen Untertan, da dessen Heimatort Kohlhaasenbrück sich auf brandenburgischem Gebiet befindet.

Da Polen zu diesem Zeitpunkt den Kurfürsten von Brandenburg um Unterstützung in einer Auseinandersetzung mit Sachsen gebeten hat, zögert Heinrich von Geusau nicht, beim sächsischen Kurfürsten die Auslieferung von Kohlhaas zu beantragen. Für den Prozess, der in der brandenburgischen Hauptstadt Berlin durchgeführt werden soll, beauftragt Geusau einen Anwalt mit der Verteidigung von Kohlhaas. Der sächsische Kurfürst gibt nach, weil das polnische Heer gegen sein Land vorrückt, aber er wendet sich an den Kaiser in Wien, damit dieser einen Rechtsvertreter in den Berliner Prozess entsendet, der Kohlhaas wegen seiner Raubzüge in Sachsen des Landfriedensbruchs anklagt. Acht Tage später wird Kohlhaas mit seinen fünf Kindern nach Berlin abtransportiert.

Die Weissagung der Wahrsagerin

Auf dem Weg nach Berlin begegnet Kohlhaas zufällig dem Kurfürsten von Sachsen, der sich gerade mit einer größeren Gesellschaft auf der Hirschjagd befindet. Der Kurfürst, der in seiner Jagdkleidung nicht als Landesherr zu erkennen ist, erkundigt sich bei Kohlhaas ohne besonderes Interesse nach einer bleiernen Kapsel, die dieser um den Hals trägt. Kohlhaas zeigt ihm den versiegelten Zettel, der sich darin befindet, und erzählt, dass er die Kapsel einen Tag nach der Beerdigung seiner Frau auf dem Jahrmarkt in Jüterbock – einem Dorf, in dem damals der sächsische und der brandenburgische Kurfürst gerade eine Zusammenkunft abhielten – von einer Wahrsagerin erhielt: Sie habe ihn beim Namen genannt und ihm das Amulett mit den Worten ausgehändigt, es werde ihm eines Tages das Leben retten.

Auf diese Erläuterung hin fällt der Kurfürst in eine Ohnmacht, die Stunden anhält. Danach erklärt er seinem Jugendfreund Kunz von Tronka, den er inzwischen zum Präsidenten der Staatskanzlei befördert hat, um jeden Preis in den Besitz des Zettels, der sich in der Kapsel befindet, gelangen zu müssen. Heimlich beauftragt der Kurfürst den Jagdjunker vom Stein, Kohlhaas nachzureiten und ihm für den Zettel Leben und Freiheit anzubieten.

Kohlhaas – der zwischenzeitlich erfahren hat, dass jener Herr, mit dem er gesprochen hat, der Kurfürst von Sachsen war – lehnt aus Rachsucht jeglichen Tauschhandel ab: Er will lieber sterben, als den Zettel herzugeben, und freut sich, über ein Mittel zu verfügen, mit dem er den Kurfürsten quälen kann.

Den Kurfürsten stürzt diese Nachricht in eine lebensgefährliche gesundheitliche Krise. Kaum hat er sich einigermaßen davon erholt, verfällt er auf die Idee, den Prozess in Berlin zugunsten von Kohlhaas zu beeinflussen: Er bittet den Kaiser, ohne seine Gründe zu erläutern, die Klage gegen Kohlhaas zurücknehmen zu dürfen. Der Kaiser antwortet ihm verärgert, dass es dafür zu spät sei, da er die Angelegenheit zu einer Reichssache gemacht habe. Daraufhin wendet sich der Kurfürst an seinen brandenburgischen Amtskollegen und beteuert, kein Interesse an einer Hinrichtung von Kohlhaas zu haben. Der brandenburgische Kurfürst will jedoch nicht in den Prozessverlauf eingreifen, weil der Kaiser involviert ist und weil wegen der anhaltenden Gewalttaten Nagelschmidts ein abschreckendes Exempel statuiert werden müsse.

Kaiser Karl V. im Jahre 1556
Gemälde von Tizian (Ausschnitt)

Das Scheitern seiner Versuche, des Zettels habhaft zu werden, bringt den Kurfürsten wieder aufs Krankenlager. Auf Drängen seines Kämmerers gesteht er diesem, dass auf dem Zettel eine Prophezeiung niedergeschrieben ist, deren genauen Inhalt er nicht kennt. Es stellt sich heraus, dass der brandenburgische Kurfürst, als er mit ihm auf dem Jahrmarkt in Jüterbock weilte, eine Wahrsagerin bloßstellen wollte, indem er ein Zeichen ihrer Kunst verlangte. Sie sagte daraufhin voraus, dass ein bestimmter Rehbock ihnen noch heute auf dem Markt entgegenkommen würde. Um dies zu verhindern, ließ der brandenburgische Kurfürst den Rehbock töten, der allerdings dann genau in jenem Moment von einem Hund auf den Marktplatz geschleift wurde, als die beiden Kurfürsten von dort aufbrechen wollten.

Der Vorfall verlieh der Wahrsagerin unversehens Glaubwürdigkeit – was den brandenburgischen Kurfürsten freute, hatte sie ihm und seinem Adelsgeschlecht doch eine glänzende Zukunft prophezeit. Der sächsische Kurfürst hingegen war entsetzt, da die Wahrsagerin ihm Gegenteiliges angedeutet hatte. Allerdings ließ sie sich nicht näher darüber aus, sondern schrieb die Details auf einen Zettel, den sie versiegelt Kohlhaas aushändigte, der anscheinend zufällig ihre Aufmerksamkeit erregte. Abschließend erwähnt der Kurfürst gegenüber dem Kämmerer, dass es ihm bislang nicht gelungen sei, jene Wahrsagerin ausfindig zu machen.

Der Kämmerer Kunz bietet an, die Angelegenheit zu regeln, und reist nach Berlin, wo Kohlhaas mit seinen fünf Kindern in einem ritterlichen Gefängnis untergebracht ist.

Die Wahrsagerin besucht Kohlhaas im Gefängnis

Am Tag, als der Kämmerer in Berlin eintrifft, wird Kohlhaas wegen Landfriedensbruchs zum Tod durch das Schwert verurteilt. Kohlhaas hadert nicht mit dem Rechtsspruch, da ihm hinsichtlich seiner Klage gegen Wenzel von Tronka Genugtuung zugesichert wurde.

Der Kämmerer verfolgt den Plan, mithilfe einer List an das Amulett zu kommen: Er beauftragt ein Trödelweib, das der Wahrsagerin ähneln könnte, Kohlhaas den bewussten Zettel unter dem Vorwand abzuverlangen, bei ihm sei er nicht mehr sicher. Der Kämmerer ahnt nicht, dass er zufällig die echte Wahrsagerin gefunden hat. Diese verschafft sich Zugang zu Kohlhaas und wird von ihm anhand eines Siegelrings und einer Korallenkette wiedererkannt. Zugleich bemerkt Kohlhaas eine seltsame Ähnlichkeit zwischen ihr und seiner verstorbenen Frau. Die Wahrsagerin verrät Kohlhaas den Plan des Kämmerers und fordert ihn auf, den Zettel einzusetzen, um sein Leben zu retten. Kohlhaas ist es jedoch wichtiger, sich am Kurfürsten zu rächen. Seine Neugierde auf den Inhalt der Weissagung kann die Wahrsagerin nicht mehr stillen, da sie in Eile aufbrechen muss.

Der Kämmerer lässt dem Kurfürsten ausrichten, dass seine Mission gescheitert ist, und informiert ihn, dass als Termin für die Hinrichtung von Kohlhaas der Palmsonntag festgesetzt wurde. Der Kurfürst verschwindet mit unbekanntem Ziel aus Dresden.

Kohlhaas wird hingerichtet

Kohlhaas regelt seinen Nachlass und verbringt seine letzten Tage ruhig und zufrieden, zumal er aufgrund einer speziellen Anordnung des Kurfürsten von Brandenburg jederzeit Besuch empfangen darf. Von einem Abgesandten Luthers empfängt Kohlhaas die Kommunion. Vergeblich hofft man in der Stadt auf seine Begnadigung.

Auf dem Weg zum Richtplatz erhält Kohlhaas eine mit dem Namen Elisabeth (seine Frau hieß Lisbeth) unterzeichnete Nachricht, deren Siegel ihn an die Wahrsagerin erinnert. Mitgeteilt wird ihm darin, dass der Kurfürst von Sachsen plant, die Kapsel nach der Hinrichtung aus dem Grab zu entwenden.

Auf dem Richtplatz wird Kohlhaas vom brandenburgischen Kurfürsten darüber informiert, dass seine Klage gegen den Junker in allen Punkten erfolgreich war. Die Anwesenheit seiner völlig wiederhergestellten Rappen bezeugt dies am eindrucksvollsten.

Kohlhaas stimmt diese Nachricht heiter. Nachdem er die Pferde seinen Söhnen geschenkt und der Mutter seines verstorbenen Knechts Herse neben den Habseligkeiten ihres Sohnes auch seine eigene Schadensersatzsumme ausgehändigt hat, tritt er bereitwillig an den Richtblock. Kurz vor seiner Hinrichtung entdeckt er in der Zuschauermenge den sächsischen Kurfürsten. Daraufhin nimmt er den Zettel aus der Kapsel, liest und verschluckt ihn. Noch bevor Kohlhaas geköpft wird, bricht der Kurfürst zusammen.

Kohlhaas wird vom Volk betrauert und erhält ein anständiges Begräbnis. Der brandenburgische Kurfürst adelt die Söhne des Toten und verfügt ihre standesgemäße Erziehung. Der sächsische Kurfürst kehrt als gebrochener Mann nach Dresden zurück.

Textanalyse und Interpretation

1 Form und Struktur der Erzählung

In die deutsche Literaturgeschichte ist Kleist als Verfasser meisterhafter **Novellen** eingegangen, obwohl er keinen seiner Prosatexte unter dieser Gattungsbezeichnung publizierte. Hinter diesem scheinbaren Widerspruch verbirgt sich die Tatsache, dass Kleists Erzählungen – darunter *Michael Kohlhaas* als längste – in einem Zeitraum entstanden, als der Begriff der Novelle im deutschsprachigen Raum noch keine allgemeine literarische Bezugsgröße darstellte, sondern lediglich von Schriftstellern diskutiert wurde.

Das damalige Interesse an der Novellengattung spiegelte sich in der Rezeption von Boccaccios *Decamerone,* einer berühmten italienischen Novellensammlung aus dem 14. Jahrhundert, ebenso wider wie in den Novellentheorien der Romantiker Friedrich und Wilhelm Schlegel oder in Goethes Novellenzyklus *Unterhaltungen deutscher Ausgewanderter* von 1795. Aber erst Kleist legte den Grundstein für eine deutsche novellistische Tradition; an seinen Erzählungen orientierten sich zahlreiche weitere Schriftsteller, unter ihnen etwa Ludwig Tieck und Clemens Brentano.

Eine Novelle wird inzwischen gemeinhin als kürzere Prosa- oder auch Verserzählung definiert. *Michael Kohlhaas* besitzt allerdings eher den Umfang eines Romans und ist darüber hinaus besonders vielschichtig strukturiert. Der Text birgt nämlich nicht nur eine komplizierte Personenkonstellation, sondern ist auch durchzogen von einem Netz aus Analogien (Ähnlichkeiten) und Oppositionen (Gegensätzen): Beispielsweise wirkt die Wahrsagerin wie eine greisenhafte Wiedergängerin von Kohlhaas' verstorbener Frau; außerdem wird seine Klage zweimal abgewiesen, und ebenfalls zweimal wird er zum Tode verurteilt – und zwar von zwei Staaten, die sich auf den ersten Blick stark unterscheiden. Derartige Bezüge sind allerdings so gestaltet, dass sie sich gegenseitig verstärken, abschwächen oder aufheben – mit dem irritierenden Effekt, dass scheinbar Eindeutiges sich bei näherer Betrachtung als **mehrdeutig** erweist: Beispielsweise wird der Eindruck, Brandenburg und Sachsen seien als Gut-Böse-Gegensatz entworfen, in einem zweiten Schritt durch eine subtile Kritik am brandenburgischen Kurfürsten unterlaufen (vgl. *Interpretationshilfe* S. 53 ff.). Aber trotz dieser unauflöslichen Komplexität und der Länge des Textes ist es sowohl angemessen als auch sinnvoll, *Michael Kohlhaas* als Novelle und damit als spezifische Form einer Erzählung zu begreifen, denn eine solche Einordnung schärft den Blick für fünf weitere wichtige Strukturmerkmale.

Wenn man sich nämlich erstens vergegenwärtigt, dass eine Novelle im Allgemeinen von einer **prinzipiell real möglichen**, aber **„unerhörten Begebenheit“** handelt – diese griffige Definition stammt von Goethe –, dann wird die Aufmerksamkeit nicht nur auf die Erlebnisse des Michael Kohlhaas, sondern auch auf die Episode mit der **Wahrsagerin** gelenkt (vgl. *Interpretationshilfe* S. 44 ff.). Häufig wurde dieser Textteil wegen seiner surrealen Dimension als entbehrliches Einsprengsel betrachtet, als Stilbruch oder als Zugeständnis Kleists an den Geschmack eines Publikums, das die Märchenelemente der romantischen Literatur schätzte. Vor dem Hintergrund der Novellendefinition erscheint es jedoch lohnend, die Wahrsagerin-Episode statt als Fremdkörper als integralen Bestandteil der Novelle zu betrachten, der deren Komplexität erhöht, indem er die Unerhörtheit der Begebenheit steigert.

Außerdem ist es zweitens hilfreich zu wissen, dass in einer Novelle das Geschehen meist zugespitzt ist auf die straffe, **aus-**

schnitthafte Schilderung eines einzigen Konflikts, was sich auf der formalen Ebene in einer so genannten **einsträngigen Handlung** niederschlägt: Denn so wird trotz Komplexität und Faktenfülle deutlich, dass *Michael Kohlhaas* ausschließlich von solchen Ereignissen berichtet, die auf den Protagonisten und dessen Fall bezogen sind.

Eine charakteristische Eigenheit der Novelle bildet auch der **lineare Aufbau**, das heißt der kontinuierliche Ablauf der Handlung. Sucht man in *Michael Kohlhaas* nach einer solchen Geradlinigkeit, zeigt sich, dass die Chronologie eigentlich nur von einer einzigen Rückblende unterbrochen wird, nämlich Kohlhaas' Bericht von seiner Begegnung mit der Wahrsagerin auf dem Jüterbocker Jahrmarkt. Nur in diesem Fall unterschlägt der Erzähler ein Vorkommnis, das Kohlhaas selbst erlebt hat – und erzeugt außerdem mit der Angabe, Kohlhaas sei drei Tage nach der Beerdigung Lisbeths zur Tronkenburg aufgebrochen (S. 28), einen Widerspruch: Dieser selbst behauptet nämlich, „genau am Tage nach dem Begräbnis" (S. 85) losgeritten zu sein. Diese Unstimmigkeit erhöht nicht nur die Rätselhaftigkeit der Wahrsagerin, sondern lässt es auch geboten erscheinen, die Position des Erzählers kritisch zu überprüfen (vgl. *Interpretationshilfe* S. 80 ff.).

Dass in einer Novelle häufig **Leitmotive und Dingsymbole** eine Rolle spielen, unterstreicht in Bezug auf *Michael Kohlhaas* die Relevanz der Rappen (vgl. *Interpretationshilfe* S. 67 ff.).

Als weiteres wichtiges Strukturmerkmal von *Michael Kohlhaas* erweist sich fünftens auf der Folie einer allgemeinen Novellendefinition die **Ähnlichkeit** der Erzählung **mit einem Drama**. Obgleich das Geschehen sich nicht vorwiegend in Dialogen abspielt, bestehen hinsichtlich des Aufbaus Parallelen. Auf den ersten Blick wirkt die Kleistsche Novelle unübersichtlich und formal kaum gegliedert, weil keine Unterteilungen in Kapitel und nur wenige Absätze vorhanden sind. Wie klar der Text jedoch tatsächlich strukturiert ist, kristallisiert sich heraus, wenn man seinen Aufbau mit dem des fünfaktigen Dramas vergleicht, das in der Klassik als Verfeinerung der dreiaktigen aristotelischen Tragödie zur Regel erhoben wurde. Eine solche Einteilung des Handlungsverlaufs von *Michael Kohlhaas* nach dem Vorbild des Tragödienschemas von Gustav Freytag (*Die Technik des Dramas,* 1863) macht auch den **Verlauf der Spannungskurve** sinnfällig, wie das Schaubild auf Seite 33 zeigt.

Als **Exposition** (**Einleitung**) ließe sich jener Teil der Erzählung verstehen, der davon handelt, wie der rechtschaffene Kohlhaas auf der Tronkenburg seiner Pferde beraubt wird und seine Versuche scheitern, den Junker dafür juristisch zur Verantwortung zu ziehen.

Nach dem Tod seiner Frau eskaliert der Konflikt zwischen Kohlhaas und dem Staat, was an die **steigende Handlung** eines zweiten Akts erinnert: Kohlhaas überfällt die Tronkenburg und zieht mit seiner Meute auf der Jagd nach dem Junker durch Sachsen.

Als **Peripetie** (**Höhe- und Wendepunkt**) fungiert das Gespräch zwischen Luther und Kohlhaas, das in der Mitte des Textes angesiedelt ist und das bewirkt, dass Kohlhaas seinen Rachefeldzug beendet und ihm Amnestie zugesichert wird.

Die Phase der **fallenden Handlung** (**Krisis**) umfasst die Vorbereitungen für den Prozess in Dresden und die Intrigen, die zu der Verhaftung von Kohlhaas und zum ersten Todesurteil führen.

Üblicherweise mündet der letzte Akt in eine Katastrophe oder in einen harmonischen Schluss. Die **Lösung**, die sich nach dem Eingreifen des brandenburgischen Kurfürsten ergibt, ist jedoch uneindeutig: Kohlhaas wird wegen Landfriedensbruchs hingerichtet, gewinnt aber vor Gericht gegen den Junker und rächt sich am sächsischen Kurfürsten. Gleichwohl belegt auch das Ende, dass Kleists Erzählung wegen ihrer geschlossenen, das heißt durchkomponierten Form mit Recht als Novelle bezeichnet werden kann.

Die Struktur der Novelle

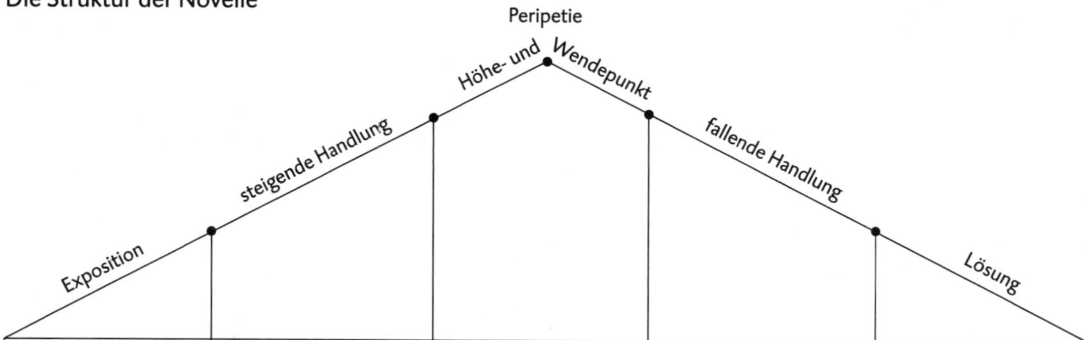

• Diebstahl der Pferde • Kohlhaas' Klage gegen den Junker wird in Dresden abgewiesen • Kohlhaas' Klage wird in Berlin abgewiesen • Lisbeth stirbt	• Beginn des Rachefeldzugs: Gemetzel auf der Tronkenburg • Kohlhaas greift Wittenberg an • Kohlhaas belagert Leipzig	• Luther ermahnt Kohlhaas durch ein Plakat • Kohlhaas' Gespräch mit Luther • Staatsratssitzung im Schloss: Kohlhaas erhält freies Geleit nach Dresden	• Vorbereitung des Prozesses gegen den Junker • Begutachtung der Rappen • Intrigen der Tronkas: Kohlhaas als vermeintlicher Verbündeter Nagelschmidts • Kohlhaas wird verhaftet • erstes Todesurteil	• Fürsprache des Kurfürsten von Brandenburg: neuer Prozess in Berlin • Prophezeiung der Wahrsagerin • Kohlhaas verweigert Herausgabe des Zettels • zweites Todesurteil • Kohlhaas wird hingerichtet

2 Charakterisierung der Hauptfiguren

Kleist hat seine Erzählung in der frühen Neuzeit angesiedelt und erhebt durch einen chronistischen Erzähler – wenn auch in vielfältiger Weise ironisch gebrochen – Anspruch auf **historische Authentizität**, das heißt auf eine realistische, glaubwürdige Darstellung der damaligen gesellschaftlichen Verhältnisse (vgl. *Interpretationshilfe* S. 79 f.). Auf der Ebene der handelnden Personen wird diesem Umstand durch ein fein differenziertes **Figurenpanorama** entsprochen. Es zeigt, dass die Existenz der Menschen im 16. Jahrhundert noch hauptsächlich **durch ihren Stand vorausbestimmt** war – dass sie also aufgrund ihrer Herkunft entweder zu den Herrschenden (Adel beziehungsweise Klerus) oder zu den Untertanen (Volk) gehörten.

Im **Volk** spielen **die Bürger** – außer Michael Kohlhaas etwa seine Frau, der Amtmann oder Meister Himboldt – eine herausragende Rolle; darin spiegelt sich die ab dem Spätmittelalter wachsende ökonomische und politische Bedeutung dieser Klasse wider. Außerdem sind die unteren Schichten vertreten (beispielsweise durch die Knechte, Nagelschmidt, die Wahrsagerin oder die Abdecker).

Der **Adel** ist ebenso wenig als homogene Gruppe gestaltet: An der Spitze stehen der Kaiser und die beiden Kurfürsten, in der Mitte deren einflussreiche Staatsbeamte wie etwa der Kämmerer Kunz von Tronka oder Graf Wrede, und am unteren Ende befindet sich der vergleichsweise arme Junker Wenzel von Tronka. Dass die männliche Aristokratie in einer verwirrenden personellen Vielfalt vorhanden ist, verweist nicht nur auf die historische Vormachtstellung dieses Stands, sondern auch auf ein weit gespanntes Beziehungsgeflecht, das für Korruption und Nepotismus (Vetternwirtschaft) taugt. Dass die beiden Jugendfreunde des sächsischen Kurfürsten Hinz und Kunz heißen – was seit dem Mittelalter einer geringschätzigen Bezeichnung für

„jedermann" gleichkommt –, unterstreicht die Verallgemeinerbarkeit ihres Fehlverhaltens.

Der **Klerus** hingegen wird nur von fünf Kirchenmännern vertreten: dem Reformator Martin Luther, dem Theologen Jakob Freising, zwei Dechanten (Geistliche), die ihn zu Kohlhaas begleiten, und dem Pfarrer, der Lisbeth beerdigt. Diese geringe Zahl hängt mit dem schwindenden Einfluss dieses Stands in der Entstehungszeit der Erzählung, dem von Säkularisierung geprägten Zeitalter der Aufklärung, zusammen.

Soziale Hierarchie der Figuren

KAISER

Kurfürsten	Kurfürst von Brandenburg Kurfürst von Sachsen
Hofstaat/Adel	Hinz und Kunz von Tronka Graf Wrede Prinz Christiern von Meißen Freiherr Siegfried von Wenk Heinrich von Geusau Wenzel von Tronka etc.
Klerus	Martin Luther der Theologe Jakob Freising ein Pfarrer zwei brandenburgische Dechanten
Volk	*Nichtadelige Funktionsträger:* Bürgermeister, Polizei, Landsknechte *Bürger:* Michael Kohlhaas, Amtmann, Meister Himboldt, Rechtsgelehrte *Bedienstete des Adels:* Kastellan, Schlossvogt, Verwalter etc. *Untere plebejische Schicht:* Johann Nagelschmidt, Knechte und Mägde, Wahrsagerin, Abdecker etc.

Gemeinsam ist den Figuren, dass sie mit ihren jeweiligen Zielen auf eine schwer berechenbare Realität treffen – allerdings auf eine spezifische, in ihrer sozialen Stellung begründeten Weise. Die **politische Dimension** ihres Handelns wird auch dadurch hervorgehoben, dass der Erzähler psychische Vorgänge weitgehend ausblendet (vgl. *Interpretationshilfe* S. 83) – auch bei den sechs Hauptfiguren, die nun genauer betrachtet werden.

Michael Kohlhaas

Als Titelfigur steht Michael Kohlhaas, der mit seiner Familie in Brandenburg auf einem Gehöft lebt, im Mittelpunkt der Novelle. Bevor die eigentliche Handlung beginnt, erzeugt der Erzähler Spannung, indem er ihn als **paradoxen Charakter** bestimmt: als einen „der rechtschaffensten zugleich und entsetzlichsten Menschen seiner Zeit" (S. 3). Angefügt ist folgende Aussage: „Dieser außerordentliche Mann würde, bis in sein dreißigstes Jahr für das Muster eines guten Staatsbürgers haben gelten können." (S. 3) Vordergründig wird so der Eindruck erweckt, Michael Kohlhaas habe sich grundlegend gewandelt; aber genau genommen – die Rede ist von „gelten" – geht es um einen Bruch in der Wahrnehmung und nicht im Wesen des Protagonisten. Es ist also lediglich eine verborgene Seite seines Charakters zum Vorschein gekommen.

In dieselbe Richtung weist die anschließende Feststellung, die Welt hätte sein Andenken segnen müssen, „wenn er in einer **Tugend** nicht ausgeschweift hätte. Das Rechtgefühl aber machte ihn zum Räuber und Mörder." (S. 3) Kohlhaas hat demzufolge eine lobenswerte Eigenschaft nicht abgelegt, sondern sie durch ihre maßlose **Übersteigerung** in ihr Gegenteil verkehrt. Rechtschaffenheit und Entsetzlichkeit sind nur scheinbar Gegensätze.

Mit dem ersten Abschnitt der Novelle lenkt Kleist die Aufmerksamkeit vor allem darauf, wie sich dieser **rätselhafte Prozess** vollzieht: Wann agiert Kohlhaas noch vorwiegend rechtschaffen? Wann schon entsetzlich? Eine genauere Analyse der Erzählung zeigt jedoch, dass diese Fragen in die Irre führen, da sie suggerieren, der Protagonist würde sich durch den Gang der Ereignisse entscheidend verändern. Das Gegenteil ist der Fall: Kohlhaas durchläuft **keine innere Entwicklung**; er reagiert lediglich auf äußere Umstände, sodass jeweils verschiedene Aspekte seiner Persönlichkeit hervortreten. Letztlich ist er, als er auf den Richtblock steigt, derselbe wie zu Beginn der Erzählung: An keiner Stelle kommt zum Ausdruck, dass er sein Handeln bereut; erneut vor dieselbe Situation gestellt, würde er wohl genauso reagieren. Daraus ergibt sich die Frage, welche **ambivalenten Persönlichkeitsmerkmale** sein Handeln von Anfang an prägen.

Kleist hat Michael Kohlhaas als Idealtypus eines **Paterfamilias** gestaltet, das heißt eines Familienoberhaupts und Vorstehers des Hauswesens. Der gottesfürchtige und allseits geschätzte Sohn eines Schulmeisters ist seiner Frau Lisbeth ein liebevoller Ehemann und seinen fünf Kindern ein treu sorgender Vater. Er betreibt Pferdezucht und -handel so **tüchtig und redlich**, dass er sich dadurch nicht nur einen gewissen Wohlstand erarbeitet hat, sondern auch das „Wohlwollen der bedeutendsten Männer des Landes“ (S. 17) genießt. Zwar geht diese Idylle im Lauf der Handlung verloren, aber seine Qualitäten als Paterfamilias kommen Michael Kohlhaas nicht abhanden, sondern treten immer wieder hervor: zum Beispiel, wenn er nach dem Tod seiner Frau mütterlich sein „erkranktes Kind mit Semmel und Milch fütterte“ (S. 85) oder wenn er kurz vor seiner Hinrichtung noch der Mutter seines verstorbenen Großknechts ein großzügiges Geldgeschenk zukommen lässt (S. 108). Sein Auftreten als liebender Vater kommt ihm auch bei seiner Streitsache zugute: Seine beiden Söhne hat er wegen „Gedanken mancherlei Art, die zu entwickeln zu weitläuftig sind“, bei einem Verhör „auf dem Arm“ (S. 68), was sich günstig für ihn auswirkt.

Höher als die Rolle des Paterfamilias veranschlagt Kohlhaas jedoch seine **Verantwortung als Staatsbürger**: Seinem „Hauswesen, als ein ordentlicher Vater, vorzustehen" erachtet er als „untergeordnet und nichtswürdig" (S. 21) im Vergleich zu der Aufgabe, den Junker in seine Schranken zu weisen beziehungsweise mit Waffengewalt gegen einen korrupten Staat vorzugehen. Er scheut beispielsweise nicht davor zurück, zur Klärung seiner Streitsache seinen kranken Großknecht Herse zu verhören, obwohl er als Dienstherr für dessen Wohl Sorge zu tragen hat (S. 12 ff.). Und je mehr Kohlhaas sich in seiner Eigenschaft als Staatsbürger missachtet sieht, desto weniger wichtig ist ihm seine Familie: Nach der zweimaligen Niederschlagung seiner Klage hat er „keine Freude mehr, weder an seiner Pferdezucht, noch an Haus und Hof, kaum an Weib und Kind" (S. 19 f.); und nachdem er als „unnützer Querulant" (S. 20) beschimpft wurde, ist er „auf große Dinge gestellt" (S. 21), das heißt, er trifft Vorkehrungen, seine Güter zu verkaufen und seine Frau mit den Kindern außer Landes zu schicken – um seine Familie zu schützen, aber auch, damit sie ihn bei seinem geplanten bewaffneten Kampf nicht behindert.

Das einflussreichste Steuerungsinstrument für das Verhalten von Kohlhaas bildet sein „**Rechtgefühl**, das einer Goldwaage glich" (S. 9). Zunächst, bevor er zur Selbstjustiz schreitet, scheint es ihm ausschließlich **Besonnenheit** zu verleihen: Bewundernswert ruhig reitet er zur Tronkenburg, um seine Pferde abzuholen, obwohl ihn der Junker dreist bestohlen hat. Als der Schlossvogt ihn dort beschimpft, bezähmt er sich, diesen „in den Kot zu werfen" (S. 9), weil er sich nicht sicher ist, ob sein Knecht sich wirklich nichts hat zuschulden kommen lassen. Und erst ganz allmählich setzt sich bei Kohlhaas das Gefühl durch, den Junker in die Schranken weisen zu müssen – aus „Pflicht", „sich Genugtuung für die erlittene Kränkung, und Sicherheit für zukünftige seinen Mitbürgern zu verschaffen" (S. 11).

Die Erfahrung, dass rechtsstaatliche Prinzipien verletzt werden, entspricht einer schmerzhaften **Desillusionierung**: Während seine anfängliche Gelassenheit auf seiner Einsicht in die „allgemeine Not der Welt“ (S. 8), ihre „gebrechliche Einrichtung“ (S. 10) basierte, sieht Kohlhaas nun die Welt in einer „ungeheuren Unordnung“ (S. 20). Dass er zugleich „seine eigne Brust nunmehr in Ordnung“ (S. 20) sieht und sich so in ein Kontrastverhältnis zur Welt setzt, enthüllt jedoch einen problematischen Aspekt seiner Persönlichkeit: Er ist stolz auf seine Besonnenheit und gefällt sich in der Rolle des Gerechten.

Bei näherer Betrachtung zeigt sich, dass auch das Bild des Rechtsgefühls als „**Goldwaage**“ nicht eindeutig positiv ist. Dieses feine Instrument verweist nämlich auch auf eine **schädliche Akribie**, auf eine übertriebene, kleinmütige Sorgfalt – ein Aspekt, der auch in unserer Redewendung „jedes Wort auf die Goldwaage legen“ mitschwingt. Das akribische Abmessen von Recht und Unrecht lässt Kohlhaas die Gerechtigkeit aus dem Blick verlieren und führt zu **Starrsinn**: Einmal austariert, diktiert ihm sein Rechtsgefühl ein bestimmtes Ziel und heiligt jedes Mittel, das eingesetzt wird, um es zu erreichen. Daher ist Kohlhaas bei seiner erbarmungslosen Jagd auf den Junker blind für die Schuld, die er auf sich lädt, indem er auf der Tronkenburg Unbeteiligte niedermetzelt oder indem er die Bevölkerung Sachsens durch Brandstiftungen terrorisiert. Es ist bezeichnend, dass mehrfach mit dem Begriff Gold auf die Metapher der Goldwaage angespielt wird, wenn das Rechtsgefühl von Kohlhaas in Selbstgerechtigkeit kippt: Zum einen wird von den sieben Knechten, die ihn bei seinem grausamen Überfall auf die Tronkenburg begleiten, gesagt, dass sie „treu ihm jedweder, wie Gold“ (S. 28) seien; zum anderen ist von einem „Cherubsschwert, auf einem rotledernen Kissen, mit Quasten von Gold verziert“ (S. 42) die Rede, das Kohlhaas, sich anmaßend als Herrscher gebärdend, vor sich hertragen lässt.

Michael Kohlhaas ist gewiss kein zanksüchtiger Mensch, der nur nach einem Vorwand sucht, sich mit seinen Mitmenschen oder der Obrigkeit anzulegen; aber er lässt von Anfang an eine **Neigung** erkennen, **Konflikte auf die Spitze zu treiben**. Dass er, als er von der Notwendigkeit eines Passierscheins erfährt, mit dem Schlossherrn selbst sprechen will, zeugt einerseits von einem gesunden Selbstbewusstsein als Bürger, lässt aber andererseits bereits die Unfähigkeit erkennen, Kompromisse zu schließen. Der Überfall von Kohlhaas auf die Tronkenburg nimmt sich vor diesem Hintergrund nicht mehr unbedingt als Zäsur – als erster Beleg für den Fanatismus des Protagonisten – aus, sondern vielmehr wie eine Fortsetzung seiner **Hartnäckigkeit** mit anderen Mitteln.

Kohlhaas hat allerdings von Anfang ein richtiges – wenn auch überempfindliches – Gespür für die **politische Dimension der persönlichen Kränkung**, die er durch den Junker erfährt: Klein beizugeben hätte nicht nur den Verlust zweier Rappen bedeutet, sondern wäre einer Anerkennung des Machtmissbrauchs des adeligen Stands gleichgekommen. Wie das nebenstehende Schaubild zeigt (S. 41), hat Kohlhaas mehr direkte Unterstützer als Gegner. Jene Personen, die Kohlhaas am meisten schaden – der Kurfürst von Sachsen, der Mundschenk Hinz und der Kämmerer Kunz von Tronka, der Erzkanzler Graf Siegfried von Kallheim –, stehen nämlich gar nicht in einer direkten Konfliktbeziehung zu ihm. Diese allein auf Machterhalt bedachten arroganten Adeligen haben es gar nicht nötig, sich direkt mit Kohlhaas auseinanderzusetzen, um ihn zu drangsalieren.

Vor diesem Hintergrund erscheint Michael Kohlhaas nicht als verbohrter Prinzipienreiter, sondern als verantwortungsbewusster Verteidiger beziehungsweise **Vorkämpfer rechtsstaatlicher Prinzipien**. Es lässt sich also nicht einfach der Schluss ziehen, dass der Protagonist auf eine Demütigung überzogen reagiert und unwiderruflich seine moralische Integrität verliert. Aber ebenso wenig ist sein Tun als zwangsläufig oder unvermeidlich zu bewerten, denn bis zuletzt hat Kohlhaas einen individuellen Handlungsspielraum: Wenn er seine Rachepläne aufgäbe, könnte er dem Kurfürsten von Sachsen die Weissagung aushändigen und dafür „Freiheit und Leben" (S. 102) eintauschen.

Unterstützer und Gegner von Michael Kohlhaas

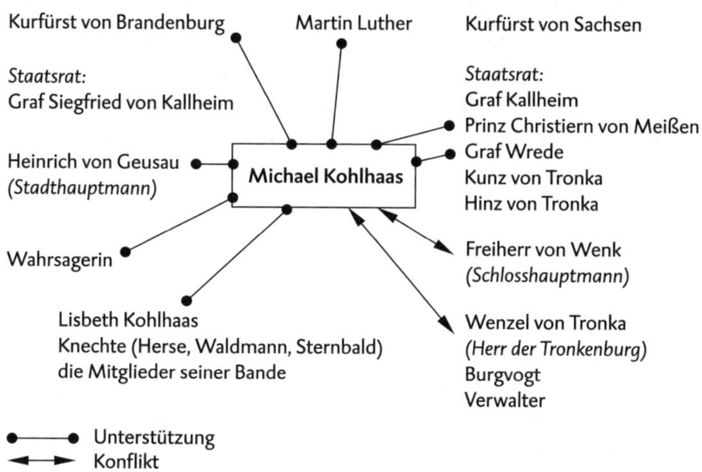

Zusammenfassend lässt sich sagen, dass die beiden zentralen Eigenschaften des Protagonisten – Rechtschaffenheit und Entsetzlichkeit – sich immer nur als Einheit betrachten lassen, da jede seiner Handlungen zwiespältige Einschätzungen hervorruft. Die Qualität von Kleists Erzählung besteht darin, den Leser durch die Mehrdeutigkeit, die das Verhalten von Kohlhaas von Anfang an kennzeichnet, immer wieder zu einer **Beurteilung des Protagonisten anzuregen**. Man fühlt sich beim Lesen aufgefordert, nach einem Anhaltspunkt für eine abschließende Gesamtbewertung zu suchen; aber zugleich sperrt sich der Text gegen eine solche Vereindeutigung.

Lisbeth Kohlhaas

Obwohl Michael Kohlhaas' Frau Lisbeth bereits zu einem frühen Zeitpunkt der Handlung stirbt, kann sie als tragende Figur gelten. Ihr gewaltsamer Tod markiert den unwiderruflichen **Verlust jener idyllischen Welt**, in der Michael Kohlhaas, bevor die Handlung einsetzt, verankert ist.

Denn das Familienleben in Kohlhaasenbrück scheint wesentlich geprägt von Lisbeths Qualitäten als **Mutter, Hausfrau und Gattin**: Sie kümmert sich nicht nur um ihre fünf Kinder, sondern auch um die finanzielle und organisatorische Seite des Hauswesens: Sie ist es, die ihrem Mann als „wackeres Weib" die Kosten, die bei einem Prozess gegen den Junker anfallen könnten, „schon beitreiben" will (S. 16).

Allerdings reicht ihr glückliches, partnerschaftliches Einvernehmen mit ihrem Mann nur so weit, wie sie durch sein Handeln die Existenz der Familie nicht bedroht sieht: Zunächst bestärkt sie ihn „aus voller Seele" (S. 16) in seinem Vorhaben, gegen den Junker juristisch vorzugehen. Aber als sie merkt, dass ihr Mann Vorkehrungen trifft, dafür seine Familie aufzugeben, versucht sie, ihn zur Umkehr zu bewegen. Es ist kein Zufall, dass Lisbeth, während Kohlhaas wegen des Verkaufs seiner Güter mit dem Amtmann verhandelt, besonders auffällig eines ihrer Kinder herzt (S. 21). Damit wird hervorgehoben, dass sie im Gegensatz zu ihrem Mann der familialen vor der staatsbürgerlichen Rolle Priorität zuweist. Die **Angst um ihren Mann**, der im Kampf gegen den Junker Wenzel von Tronka sein Leben aufs Spiel setzen will, ist nicht zu trennen von ihrer **Sorge um die Zukunft ihrer Kinder**.

Letztlich ist Lisbeth jedoch bereit, ihrem Mann die Entscheidungsgewalt zuzugestehen und ihn in seinen Plänen nicht zu behindern: Sie fällt ihm am Ende des Ehestreits „errötend um den Hals" (S. 24), weil er sie daran erinnert hat, dass es als liebende Gattin **ihre Pflicht** ist, **ihn zu unterstützen**.

Szene aus Volker Schlöndorffs Verfilmung der Novelle aus dem Jahre 1969 mit David Warner als Michael Kohlhaas und Anna Karina als dessen Frau

Ihr „Mut" und ihre „Klugheit" (S. 25) weisen ihr sogar einen Weg, wie sie ihrem Mann helfen und ihn zugleich schützen kann. Dass sie statt seiner nach Berlin zum Kurfürsten von Brandenburg reist, weist über das Ideal bürgerlicher Weiblichkeit hinaus, das Frauen in der Sphäre häuslicher Privatheit verortete – nicht nur weil Lisbeth sich mit einem politischen Auftrag in die Öffentlichkeit begibt, sondern weil ihr Plan eine ungewöhnliche **Vertrautheit mit den politischen Verhältnissen** offenbart: Sie weiß, dass es „in tausend Fällen" (S. 25) für Angehörige ihres Geschlechts leichter ist, sich dem Kurfürsten zu nähern – vermutlich weil Frauen in erster Linie als potenzielle Sexualpartnerinnen und nicht als Bedrohung eingeschätzt werden. Auch ihr Vorhaben, einen früheren Verehrer, den Kastellan des kurfürstlichen Schlosses, für ihre Belange einzuspannen, enthüllt diese andere Seite Lisbeths.

Noch auf dem Totenbett bringt Lisbeth zum Ausdruck, dass sie nicht auf die Rolle der folgsamen Gattin reduzierbar ist: „Vergib deinen Feinden“ (S. 27), ermahnt sie ihren Mann unter Bezug auf das Gebot christlicher Nächstenliebe. Damit rückt sie von ihrer ursprünglichen Einschätzung ab, dass es ein „Werk Gottes“ (S. 16) sei, gegen den Junker vorzugehen. Ihr Tod fördert jedoch die Rachegelüste ihres Mannes; und ihr Begräbnis, das aufgrund seiner Pracht „weniger für sie, als für eine Fürstin, angeordnet schien“ (S. 27), illustriert vor allem die protesthafte Selbsterhebung von Kohlhaas in einen privilegierten Stand.

Die Wahrsagerin

Diese weibliche Figur erfüllt insofern eine wichtige Funktion bezüglich des Fortgangs der Handlung, als sie Kohlhaas die **Macht zur Rache** verleiht: Indem sie dem Rosshändler die versiegelte Weissagung aushändigt (S. 86), außerdem später durch ihren Besuch im Gefängnis verhindert, dass man ihm selbige entwendet (S. 101 ff.), und ihn schließlich kurz vor der Hinrichtung warnt (S. 106), sorgt sie dafür, dass der sächsische Kurfürst nicht ungestraft davonkommt.

Gemäß den historischen Gegebenheiten ist die so genannte Zigeunerin **am Rand der Gesellschaft** situiert – in Berlin hält sie sich unter „einem Tross andern, mit Lumpen handelnden Gesindels“ (S. 100) auf – und stellt gleichzeitig eine **Attraktion** dar, wie die Szene auf dem Jahrmarkt verdeutlicht. Die Gruppe der Sinti[2] wurde im Mittelalter diskriminiert, während der Glaube an Wunder, Wahrsagerei und Astrologie weit verbreitet war.

Mit der Wahrsagerin wird in Kleists Erzählung ein **irrationales, surreales Element** eingeführt, da sie mit übersinnlichen Fähigkeiten ausgestattet scheint: Woher kennt sie auf dem Jahrmarkt Kohlhaas’ Namen? Wie konnte sie wissen, dass den beiden Kurfürsten der Rehbock entgegenkommen würde? Und wie hat sie von dem Plan des sächsischen Kurfürsten erfahren, aus Kohlhaas' Grab die Kapsel mit der Weissagung zu entwenden?

Die Rätselhaftigkeit der Wahrsagerin rührt jedoch vor allem daher, dass sie als greisenhafte **Wiedergängerin der verstorbenen Frau von Kohlhaas** erscheint: Im Gefängnis entdeckt der Rosshändler eine „sonderbare Ähnlichkeit" zwischen ihr und Lisbeth; wie deren „Großmutter" (S. 102) wirkt sie auf ihn wegen ihrer Gesichtszüge, der schönen Form ihrer Hände und eines Muttermals. Auch der Hund von Kohlhaas scheint Vertrautes wahrzunehmen, denn er lässt sich schwanzwedelnd von der Wahrsagerin kraulen. Auffällig ist außerdem, wie mütterlich zärtlich sie mit Kohlhaas' Kindern umgeht, die sie bei dieser Gelegenheit zum ersten Mal sieht. Diese Begegnung wirkt wie eine Variation der Szene mit dem Amtmann (S. 21): Wie damals Lisbeth herzt nun die Wahrsagerin ausführlich Kohlhaas' jüngsten Sohn, und wieder soll Kohlhaas durch eine Frau, die ihm seine Verantwortung als Vater vor Augen führt, davon abgebracht werden, sein Leben dem Kampf für Gerechtigkeit zu opfern.

Aber auch unabhängig von Kohlhaas' Wahrnehmung wird die Wahrsagerin in einen mysteriösen Zusammenhang mit seiner Frau gebracht: Sie unterzeichnet eine Mitteilung mit „Deine Elisabeth" (S. 106), wozu der Name Lisbeth die Kurzform bildet. Und der Kastellan des kurfürstlichen Schlosses, der Lisbeth von früher kennt, da er um sie „geworben" (S. 25) hat, scheint „an allen Gliedern zu zittern" (S. 107), als er über die Wahrsagerin sprechen will. Rätselhaft scheint außerdem, dass der Text **widersprüchliche Angaben** über den genauen Zeitpunkt des ersten Zusammentreffens zwischen ihr und Kohlhaas liefert: Während der Erzähler erwähnt, dass Kohlhaas „drei Tage" (S. 28) nach dem Tod seiner Frau aufgebrochen sei, behauptet dieser, er sei der Wahrsagerin „genau am Tage nach dem Begräbnis" (S. 85) begegnet.

Trotz all dieser Merkwürdigkeiten wirkt die so genannte Zigeunerin, deren Identität ungeklärt bleibt – nirgendwo wird behauptet, dass sie tatsächlich eine Reinkarnation Lisbeths ist –, insgesamt **nicht furchteinflößend**. Der sächsische Kurfürst fühlt sich zwar von ihr bedroht – die „Gestalt" habe ihn „mit einem Blick, kalt und leblos, wie aus marmornen Augen" bedacht (S. 96) –, aber diese Einschätzung hat kaum Gewicht, denn sie verrät mehr über den Kurfürsten als über die alte Frau. Kohlhaas begegnet der Wahrsagerin ohne Scheu und nennt sie sogar vertraulich „Mütterchen" (S. 86, 103). Außerdem zeugt keine ihrer Handlungen unzweifelhaft von magischen Kräften – das gilt auch für ihre Weissagungen. Die erste über den Rehbock erfüllt sich gerade deshalb, weil man ihr Eintreten verhindern will: Es handelt sich um eine so genannte *selffulfilling prophecy* (sich selbst erfüllende Prophezeiung), das heißt um eine Voraussage, die deshalb an Wahrscheinlichkeit gewinnt, weil das Eintreten des angekündigten Ereignisses erwartet wird – also durchaus um eine geschickte Manipulation. Ähnlich verhält es sich bei der zweiten Weissagung: Deren Inhalt erfährt man zwar nicht, aber klar ist, dass der Kurfürst, indem er ihr nachjagt, seinen Untergang erst herbeiführt. Und die dritte Weissagung – das „Amulett" werde Kohlhaas „dereinst das Leben retten" (S. 86) – tritt sogar erkennbar nicht ein. Faszinierend ist die Figur der Wahrsagerin letztlich deshalb, weil sie weder dem Bereich des Übernatürlichen noch dem des Realen ganz zugeordnet werden kann.

Wenzel von Tronka

Der Junker repräsentiert den niederen Landadel und ist unter den Figuren der Novelle besonders negativ gezeichnet. Schon sein **Lebenswandel** als neuer Herr der Tronkenburg zeugt von **Leichtfertigkeit**: Offenbar geht es ihm ausschließlich darum, sich zu vergnügen. Er scheint seine Tage der Jagd und dem Genuss von Alkohol zu widmen; dabei ist er stets umgeben von einer lustigen Gruppe anderer junger Adeliger: Mal sitzt er „mit einigen muntern Freunden, beim Becher“, während „unendliches Gelächter unter ihnen“ erschallt (S. 5); mal sprengt er „mit einem Schwarm von Rittern, Knechten und Hunden, von der Hasenhetze kommend, in den Schlossplatz“ und erteilt sogleich die Order „schafft Wein!“ (S. 9 f.); mal liest er, „unter vielem Gelächter, dem Tross junger Freunde, der bei ihm war“, den „Rechtsschluss“ von Kohlhaas vor (S. 29).

Dieses Gebaren kann jedoch nicht als harmloser, junggesellenhafter Übermut eingestuft werden, denn dahinter verbergen sich **Rücksichtslosigkeit** und **Überheblichkeit**: Wie die Sache mit Kohlhaas' Rappen zeigt, missbraucht der Junker die Privilegien, über die er aufgrund seines adligen Standes verfügt, zu willkürlichen, „ungesetzlichen Erpressungen“ (S. 5) in Form von Zöllen und Passierscheinen – davon ausgehend, dass seine Stellung es ihm erlaubt, vorbeiziehende Händler **zu schikanieren und zu schröpfen**, ohne dafür belangt zu werden. Damit verstößt er gegen die Prinzipien seines verstorbenen Vaters, der „Handel und Wandel, wo er nur vermochte, forthalf“ (S. 4) und so ökonomische und gesellschaftliche Veränderungen förderte. Unter der Herrschaft des Sohnes hingegen wird die Tronkenburg zum „Raubnest“ (S. 8), und in Bezug auf Kaufleute ist dort nun „von filzigen Geldraffern und nützlichen Aderlässen derselben“ (S. 5) die Rede, wie das Gemurmel des Schlossvogts zeigt.

Symptomatisch für die Denk- und Handlungsweise des Junkers ist sein Verhalten in jener Situation, in der Kohlhaas seine beiden Rappen einbüßt. Auf den ersten Blick sieht es so aus, als seien der Schlossvogt und der Verwalter für diesen Diebstahl verantwortlich, denn sie sind an den Rappen, auf die sie „sprechende Blicke“ (S. 6) werfen, wegen deren Verwendbarkeit „in der Wirtschaft“ (S. 5) interessiert und erheben gemeinsam die „unverschämte Forderung“ (S. 7), die Pferde als Pfand dazulassen. Auf den zweiten Blick zeigt sich jedoch, dass der Junker sehr wohl die **Hauptverantwortung für das Unrecht** trägt, das Kohlhaas zugefügt wird: Nur an seinem Genuss interessiert, verweigert er den Ankauf von Pferden, deren sein Hauswesen bedürfte, die sich aber nicht als Reitpferde eignen. Seine Aussage, „dass er für den Schweißfuchs wohl, aber nicht eben für die Rappen, Geld ausgeben möchte" (S. 6), kommt geradezu einem Signal an seine Bediensteten gleich: Sie können davon ausgehen, in seinem Sinn zu handeln, wenn sie versuchen, sich die Tiere kostenlos anzueignen. Der Junker lässt seinen Untergebenen freie Hand und billigt ihre Machenschaften indirekt, indem er sie nicht unterbindet.

Gleichwohl agiert der Junker weder boshaft noch skrupellos: Indem er „mit einem verlegnen Gesicht" bestätigt, dass Kohlhaas einen „Pass" lösen müsse (S. 6), oder „ihm eine flüchtige Blässe ins Gesicht" tritt (S. 10), als Kohlhaas sich über den desolaten Zustand seiner Pferde beschwert, bringt er unfreiwillig zum Ausdruck, wie peinlich es ihm ist, mit der Unrechtmäßigkeit seines Tuns konfrontiert zu werden. Sein im wahrsten Sinn des Wortes wetterwendisches Verhalten, als er mit Kohlhaas wegen des Passierscheins verhandelt, lässt ebenfalls den Wunsch erkennen, sich möglichst schnell aus der Affäre zu ziehen – und illustriert damit seine **Feigheit und Schwäche**: Frierend ist er zunächst bereit – als es „wieder zu stürmen anfing" (S. 6) –, Kohlhaas von dannen ziehen zu lassen, und kurz darauf – als „ein Windstoß eine ganze Last von Regen und Hagel durchs Tor jagte" (S. 7) – will er ihm die Weiterreise verweigern. Der Erzähler verspottet den Junker, indem er ihn als einen Weichling darstellt (zur Bedeutung des Wetters vgl. *Interpretationshilfe* S. 76).

Der Junker legt es generell darauf an, einer Konfrontation mit seinen Verfehlungen auszuweichen: Er flieht von der Tronkenburg (S. 30), versteckt sich im Kloster (S. 32), in seinem Haus (S. 36) oder im Gefängnisturm (S. 37). Gegenüber seinen Vettern will er sich damit herausreden, dass er „von dem ganzen verwünschten Handel […] nur wenig gewusst" habe und der „Schlossvogt und der Verwalter an allem schuld wären" (S. 56).

Weil der Junker Wenzel von Tronka die Verantwortung für sein Handeln nicht übernehmen will, wird er nicht nur von Kohlhaas gejagt, sondern auch vom Volk beschimpft: Es nennt ihn nicht zuletzt deshalb „einen Blutigel, einen elenden Landplager und Menschenquäler, den Fluch der Stadt Wittenberg, und das Verderben von Sachsen" (S. 37). Von seinen Vettern Hinz und Kunz wird der Junker zwar ebenfalls verachtet, allerdings nur, weil er „Schande und Schmach über die ganze Familie" bringt (S. 56), als die Streitsache mit Kohlhaas öffentlich bekannt wird. Dass der Junker dem Rosshändler Unrecht zufügte, ist den beiden kein Anlass zu einer Kritik an ihrem unsoliden, verbrecherischen Verwandten. Die Figur des Junkers dient folglich auch dazu, das erschreckende Ausmaß der **Vetternwirtschaft** innerhalb des Adels darzustellen.

Der Kurfürst von Sachsen

Der mächtigste Gegenspieler von Kohlhaas wird – parallel zu der Unterwerfung des Rosshändlers unter eine parteiliche Justiz – im Verlauf der Handlung **sukzessive in seiner Unfähigkeit entlarvt**, das Amt eines Landesherrn verantwortungsvoll auszuüben und seine eigenen Angelegenheiten erfolgreich zu regeln.

Bereits bei seinem ersten Auftritt in der Erzählung lässt der in Dresden residierende sächsische Kurfürst **Führungsschwäche** und eine **zweifelhafte Gesinnung** erkennen. In der Sitzung des Staatsrats, in der Luthers Amnestievorschlag diskutiert wird, stellt sich heraus, dass er sich – mit Ausnahme des Grafen Wrede und des Prinzen von Meißen – mit Beratern umgeben hat, die sich nicht scheuen, das Recht zu verdrehen, um ihre Privilegien zu verteidigen. Die Verwandten des Junkers – Hinz und Kunz von Tronka – sind die „Jugendfreunde und Vertrauten" (S. 49) des Kurfürsten und ausgerechnet einem der beiden hat er ein Amt verliehen, das die „Befugnis“ umfasst, sich bei der Korrespondenz „seines Namens und Wappens zu bedienen“ (S. 49) – ein Sonderrecht, das offenbar dazu missbraucht wurde, die Klage von Kohlhaas abzuweisen.

Der Fürst und seine Berater: die Mächtigen unter sich. Szene aus Volker Schlöndorffs Kinofilm „Michael Kohlhaas – Der Rebell“ (1969). In der Mitte Anton Diffring als Kurfürst, rechts neben ihm Thomas Holtzmann als Luther und Kurt Meisel als Kanzler.

Von dieser Angelegenheit erfährt der Kurfürst mitnichten erst durch Luthers Brief. Es ist nämlich davon die Rede, dass der Kämmerer sich „noch einmal“ rechtfertigt und dann erst „auf die gegenwärtige Lage der Dinge“ (S. 49) zu sprechen kommt – das heißt, er muss sich bereits zuvor dazu geäußert haben. Außerdem lassen die auffällige **Passivität** und Betroffenheit des Kurfürsten vermuten, dass die Klage nicht hinter seinem Rücken niedergeschlagen wurde: Er ergreift kaum das Wort, wird „über das ganze Gesicht rot“, als der Prinz den Kämmerer beschuldigt, und tritt schließlich, ein Ausbund an **Hilflosigkeit**, „mit ungewissen Blicken an seinen Tisch“ (S. 51). Der Kurfürst befindet sich anscheinend in dem unrühmlichen Dilemma, jemanden schützen zu wollen, für den er nicht offen Partei ergreifen kann, weil dies einem Eingeständnis seiner eigenen **Verderbtheit** gleichkäme.

Dass weniger moralische oder politische Erwägungen, sondern eher **männerbündische Vorstellungen von Treue** seine Entscheidungen bestimmen, manifestiert sich besonders deutlich in seiner Zustimmung zu Luthers Amnestievorschlag: Der „Heereszug gegen den Kohlhaas, zu welchem schon alles vorbereitet war“, ließe sich nur dann unternehmen, wenn er den Kämmerer würde verhaften lassen, aber dieser Befehl widerstrebt „seinem für Freundschaft sehr empfänglichen Herzen“ (S. 52). Denn zu dem Kämmerer, der ihn „in der Tat liebte“ (S. 99), hat er ein besonders enges, herzliches Verhältnis; er befördert ihn sogar trotz des Amtsmissbrauchs zum „Präsidenten der Staatskanzlei“ (S. 81). Aufgrund desselben Beziehungsmusters stellt er dem Jagdjunker vom Stein „ein ewiges Recht auf seine Freundschaft“ (S. 89) in Aussicht, sofern es diesem gelinge, Kohlhaas zur Herausgabe der Weissagung zu bewegen. Die Zuneigung des Kurfürsten erwerben sich offenbar Männer, die ihm auch dann helfen, seine Machtposition zu sichern, wenn dafür ein fragwürdiges Vorgehen vonnöten ist.

Die **mangelnde Sittlichkeit** des Kurfürsten tritt im Zusammenhang mit dem Bruch der Amnestie noch deutlicher zutage: Wenn es heißt, der „Kurfürst weigerte sich standhaft“, allein wegen Nagelschmidts Brief Kohlhaas gefangen nehmen zu lassen, habe aber dann doch – „obschon nach großer Zögerung“ (S. 77) – zugestimmt, Kohlhaas mit diesem Brief eine Falle zu stellen, dann illustriert dies, wie sehr er **in Bedrängnis** ist und manipuliert wird, und zwar in einer Kommunikationssituation, die er eigentlich qua seines Amtes kontrollieren müsste. Dass er **leicht beeinflussbar** ist, versucht er durch herrschaftliche Gesten zu kaschieren: Es wird beispielsweise beschrieben, wie er

„mit vieler Huld sich von seinem Sessel erhob“ (S. 66), nachdem ihn der Kämmerer unter Druck gesetzt hat. Der Kurfürst hat zwar als Landesherr formal das letzte Wort, aber faktisch trifft er offenbar keine selbstständigen Entscheidungen. Trotzdem trägt er die Verantwortung für den Bruch der Amnestie: Er ordnet ihn nie direkt an, billigt aber die „zweideutigen und unklaren Umstände“ (S. 82), die zu der Verhaftung von Kohlhaas führen. Schuldig wird der Kurfürst folglich auch aus **Nachlässigkeit und Bequemlichkeit**.

Im Vergleich zum Kämmerer, der skrupellos eigene Interessen vertritt, ist der Kurfürst von Sachsen allerdings nicht als gewissenloser Zyniker oder Bösewicht gestaltet – sonst wäre es ihm nicht immer wieder peinlich, unvermutet mit seinen Verfehlungen konfrontiert zu werden: Er wird beispielsweise „über und über rot“ (S. 83), als er erfährt, dass Kohlhaas jener Gefangene ist, dem er einen Becher Wein bringen wollte.

Dass er diese spontane Geste ausgerechnet jenem Mann zuteil werden lassen wollte, den er zuvor zu einem Foltertod verurteilt hatte, legt jedoch die **Oberflächlichkeit seiner Mildtätigkeit** und dadurch die Verantwortungslosigkeit seines Regierungsstils offen: Er gebärdet sich als gütiger, leutseliger Herrscher, erzeugt aber zugleich ein Klima, in dem Willkür und Korruption gedeihen. Er setzt sich nicht systematisch für das Wohl seiner Untertanen ein, sondern nur dann, wenn es ihm behagt.

Vollends in ein schlechtes Licht wird der Kurfürst durch seine **Jagd nach der Weissagung** gerückt: Sein höchstes Ziel ist es offenbar, sich selbst beziehungsweise seinen Nachkommen die Regentschaft zu sichern. Denn die Angst, seine Macht zu verlieren, stürzt ihn nicht nur in zum Teil lächerliche körperliche Krisenzustände (vgl. *Interpretationshilfe* S. 70 ff.), sondern lässt ihn auch zu einer **ungeahnten Tatkraft** finden: Er schreibt reihenweise Briefe, um die Begnadigung von Kohlhaas zu erwirken, und reist zu dessen Hinrichtung. Nur aus niederen Motiven setzt er sich für den Rosshändler ein: Erst als seine persönlichen Interessen betroffen sind, ist sein „Herz von Kummer und Reue zerrissen" (S. 105).

Wie haltlos sich der Kurfürst dem **Aberglauben** hingibt, wird mit satirischen Mitteln beschrieben und raubt ihm jegliche Würde und Respektabilität: Der Erzähler berichtet spöttisch von einer „mehrere Tage lang im Schlossturm zu Dresden fortgesetzten, tiefsinnigen Untersuchung" (S. 104) zweier Astrologen, die der Kurfürst konsultiert. Und am Schluss der Erzählung ist der Landesherr lächerlicherweise ausgerechnet deshalb „zerissen an Leib und Seele" (S. 109), weil er seinen Untergang fürchtete: Hätte er die Weissagung ignoriert, wäre ihm nichts geschehen.

Kurfürst Johann Friedrich von Sachsen, genannt „der Großmütige" (1503–1554) Holzschnitt von Hans Brosamer (1500–52)

Bereits der Beiname des historischen Kurfürsten zeigt, dass dieser nicht mit der Figur bei Kleist gleichgesetzt werden darf.

Durch die Begegnung mit der Wahrsagerin wird der Kurfürst folglich unwiderruflich in seiner arroganten Überzeugung erschüttert, unangreifbar zu sein. Sein individueller Niedergang lenkt die Aufmerksamkeit zudem auf die **Schwachstellen eines politischen Systems**, das die Macht bei einem Einzelnen konzentriert und ihn zugleich der Kontrolle durch das Volk entzieht.

Der Kurfürst von Brandenburg

Bei einer oberflächlichen Lektüre der Erzählung kann der Eindruck entstehen, der brandenburgische Kurfürst sei ein vorbildlicher Herrscher und Kohlhaas' Wohltäter – also eindeutig eine

Kontrastfigur zu seinem sächsischen Amtskollegen. Aber bei näherer Betrachtung zeigt sich, dass Kleist diese Gestalt keineswegs so eindimensional positiv angelegt hat.

Seitens des Erzählers wird der in Berlin residierende Kurfürst als Mann gewürdigt, der sich für Kohlhaas' „Rettung aus den Händen der Übermacht und Willkür" (S. 80) einsetzt und der ihm „Wohlwollen" (S. 99) entgegenbringt. In der Tat gibt es Anzeichen, die dafür sprechen, dass dem Kurfürsten die **Wiedergutmachung** des Unrechts, das man Kohlhaas im Nachbarstaat Sachsen zufügte, ein persönliches Anliegen ist: Es gelingt ihm, das Dresdner Todesurteil aufzuheben und einen neuen Prozess in Berlin einzuleiten. Außerdem verhilft er Kohlhaas zu einigen Annehmlichkeiten: Auf seinen „Spezialbefehl" (S. 99) hin wird der Rosshändler in einem vergleichsweise bequemen Gefängnis untergebracht, das ansonsten dem Adel vorbehalten ist; und seine „sonderbare Spezial-Verordnung" gestattet es Kohlhaas, „bei Tag und Nacht" (S. 105) im Zwinger Besuch zu empfangen. Darüber hinaus schlägt der Kurfürst nach der Hinrichtung von Kohlhaas dessen Söhne zu Rittern und veranlasst ihre standesgemäße Erziehung.

Bei so viel Freundlichkeit könnte man fast übersehen, dass der Kurfürst für das Todesurteil verantwortlich ist. Es fällt zwar humaner aus als in Sachsen, weil es nicht mit Folter einhergeht – Kohlhaas soll „mit dem Schwerte vom Leben zum Tode gebracht" werden (S. 99) –, aber wenn der Erzähler es als Ausdruck von „Milde" (S. 99) klassifiziert, dann reizt dies zum Widerspruch. Denn Kohlhaas hätte begnadigt werden können: Wie die Hoffnung der Einwohner Berlins zeigt, hätte es durchaus im Ermessen des Kurfürsten gelegen, das Todesurteil durch ein „Machtwort" (S. 99, 106) in eine Gefängnisstrafe umzuwandeln. Aber der Fürst entscheidet sich dagegen, weil er angesichts der „fortdauernden Gewalttätigkeiten des Nagelschmidt, die sich sogar schon, mit unerhörter Dreistigkeit, bis aufs brandenburgische Gebiet erstreckten, die Statuierung eines abschreckenden Beispiels" für geboten hält (S. 94).

Damit erweist er sich als **nüchterner, unbarmherziger Machtpolitiker**, der in erster Linie auf die Sicherung der bestehenden Verhältnisse bedacht ist. Gleichzeitig erzeugt der Kurfürst geschickt beim Volk den Eindruck, ein Wohltäter zu sein: Sogar noch bei der Hinrichtung, die er hätte vermeiden können, geriert er sich als fürsorglicher und pflichtgetreuer Landesherr, der für Kohlhaas alles getan hat, was in seiner Macht stand.

Kurfürst Joachim II. von Brandenburg (1505–1571). Gemälde von Lucas Cranach dem Jüngeren (1515–1586)

Immerhin, so ließe sich zugunsten des brandenburgischen Kurfürsten anführen, unterscheidet sich dieser Landesherr insofern gravierend von seinem sächsischen Amtskollegen, als er in seinem Kabinett **keinen korrupten Staatsdiener duldet**: Er enthebt den Erzkanzler Siegfried von Kallheim, der die Klage von Kohlhaas unterschlug, „ohne weiteres, mit mehreren Zeichen seiner Ungnade" (S. 80) des Amtes, nachdem ihn der Stadthauptmann Heinrich von Geusau über diesen Vorfall ins Bild gesetzt hat.

Damit scheint der Kurfürst nicht nur **Durchsetzungsfähigkeit**, sondern auch eine schätzenswerte **Prinzipientreue** zu zeigen.

Allerdings: Was den „erstaunten Herrn" an den „Unziemlichkeiten seines Erzkanzlers" so „schwer entrüstet", ist vor allem der Umstand, dass durch dessen Korruptheit „seine eigene Person" eine gewisse „Schuld" drückt (S. 80) – und weniger die Tatsache, dass man einem Bürger seines Landes Unrecht zugefügt hat. Er ist wütend, weil er eine Beschädigung seines Rufs fürchtet. Diese spontane Reaktion enthüllt seinen ausgeprägten **Machtinstinkt**.

Außerdem schürt der Text den Verdacht, dass dem Kurfürsten der Fall Kohlhaas ein willkommener Anlass war, sich seines Erzkanzlers zu entledigen: Dessen Verwandtschaft „mit dem Hause derer von Tronka" (S. 80), einer in Sachsen bedeutenden Familie, muss ihm ein Dorn im Auge sein, da er gerade dabei ist, sich mit Polen „in gemeinschaftlicher Sache gegen das Haus Sachsen zu verbinden" (S. 80). Folglich ist der „Wunsch" des Kurfürsten, Kohlhaas, „es koste was es wolle, Gerechtigkeit zu verschaffen" (S. 80), nicht wörtlich zu nehmen; denn er ist bereits in dem Wissen formuliert, dass die aktuelle politische Lage es erlaubt, auf den potenziellen Feind Sachsen Druck auszuüben. Wie der neue Erzkanzler von Geusau weiß, geht es nämlich immer auch darum, die „Ruhe des Ganzen" nicht aus „Rücksicht auf einen Einzelnen" (S. 80) zu gefährden. Mit anderen Worten: Hätte sich nicht ohnehin ein Konflikt abgezeichnet, hätte man es in Brandenburg wohl für unverhältnismäßig gehalten, die friedliche Koexistenz mit dem Nachbarstaat Sachsen wegen des Rosshändlers zu gefährden. Folglich ist das Handeln des Kurfürsten auch außenpolitisch von **strategischem Kalkül und Opportunitätsdenken** bestimmt.

Insgesamt betrachtet ist der Kurfürst von Brandenburg seinem sächsischen Amtskollegen in der Handhabung der Regierungsgeschäfte deutlich überlegen: Er wahrt in seinem Staat den Eindruck von Ordnung. Allerdings hieße es, sich durch seine **Selbstdarstellung** täuschen zu lassen, wenn man ihn als mustergültigen, gerechten Herrscher begriffe. Auch in Brandenburg ist Rechtssicherheit ein Gut, das der Interessenlage des Kurfürsten gemäß sein muss, um von diesem garantiert zu werden.

3 Motive und zentrale Aspekte

Die Krise des Absolutismus in Preußen

Weshalb hat Kleist seine Erzählung in der Vergangenheit angesiedelt? Es wäre zu kurz gegriffen, die Verortung in der frühen Neuzeit ausschließlich als Festhalten an der historischen Quelle der Erzählung (vgl. *Interpretationshilfe* S. 10) zu begreifen. Vielmehr liegt der Schluss nahe, dass Kleist drängende politische **Fragestellungen seiner eigenen Epoche** in die Vergangenheit projizierte – wohl auch, um auf diese Weise der Zensur zu entgehen. Die Erzählung weist nämlich einige **Anachronismen** auf, das heißt Vorstellungen und Erscheinungen, die unter historischen Gesichtspunkten nicht in den geschilderten Zeitabschnitt hineinpassen.

Kleist verfasste seine Erzählung in einer politischen **Umbruchsituation**: in einer Zeit, als Preußen unter französischer Besatzung stand und Europa nach der Französischen Revolution (1789) von den Napoleonischen Kriegen erschüttert wurde. Der Zusammenbruch Preußens 1806 war aber auch Ausdruck einer inneren Krise – eines Versagens des **Absolutismus**, der nach dem Dreißigjährigen Krieg (1618–1648) an Bedeutung gewann, als das deutsche Reich in viele Kleinstaaten zerfallen war.

Im frühen Absolutismus besaß der Monarch die alleinige Herrschaftsgewalt; er stand über den geltenden Gesetzen und verstand sich als **Herrscher von Gottes Gnaden**. Zum Inbegriff eines solchen Regenten wurde der französische König Ludwig XIV. (1638–1715) mit seinem Leitspruch „Der Staat bin ich" („L'État c'est moi"). Kleist hat dieses Selbstverständnis der Figur des Kurfürsten von Sachsen zugeschrieben, der durch seine nachlässige Amtsführung Unrecht fördert. Mithilfe dieser negativ gezeichneten Figur, die einer korrupten Adelsclique ausgeliefert scheint, prangert die Erzählung den Machtmissbrauch an, den der Absolutismus begünstigt.

Friedrich II., König von Preußen. Gemälde von Anton Graff (1736–1813), um 1770

Für die historisch noch später auftretende Regierungsform des **aufgeklärten Absolutismus** gilt der preußische König Friedrich II. („Friedrich der Große", 1712–1786) gemeinhin als Musterfall: Dieser Monarch, der den Ideen der Aufklärung aufgeschlossen gegenüberstand, bezeichnete sich als der „erste Diener des Staates" und bestimmte das **Wohl seiner Untertanen** als Leitziel seiner Politik.

Dieses Selbstverständnis wiederum ist in die Kleistsche Figur des Kurfürsten von Brandenburg eingegangen, der betont, wie sehr er sich für seine Untertanen einsetzt. Allerdings erweist sich diese Haltung als **geschickte Inszenierung**, die verdeckt, dass seine Politik wie die seines sächsischen Amtskollegen vorrangig auf Machterhalt abzielt. Daraus lässt sich folgern, dass die Erzählung auch der Staatskonzeption des aufgeklärten Absolutismus, die zu Kleists Lebzeiten in Europa vorherrschend war, keineswegs vorbehaltlos Beifall spendet.

Den geschilderten historischen Wandel im Selbstverständnis des absolutistischen Herrschers spiegelt auch die im 18. Jahrhundert lebhaft geführte rechtsphilosophische Diskussion über das **Naturrecht** wider, dessen Anerkennung das Bürgertum im Gefolge der Aufklärung einforderte. Im Gegensatz zum positiven Recht (dem Gewohnheitsrecht sowie dem staatlich festgesetzten Recht) wird das natürliche Recht mit Bezug auf die Natur der menschlichen Gattung begründet: Postuliert wird, dass alle Menschen frei und gleich geboren sind. Kleists Erzäh-

Rousseau. Lithografie nach einem Bild von Maurice-Quentin de La Tour (1704–88)

lung greift diese universelle Vorstellung bereits insofern auf, als Kohlhaas „kraft der ihm angeborenen Macht" (S. 28) dem Junker Wenzel von Tronka ein Ultimatum stellt.

Den Kerngedanken des Naturrechts bildet das **Prinzip des Gesellschaftsvertrags**, das von dem Moralphilosophen Jean-Jacques Rousseau (1712 bis 1778), einem bedeutenden Denker der Aufklärung, weiterentwickelt wurde: In seinem Werk *Du contrat social* (1762) fasst er den Staat als Ergebnis eines Vertrags, bei dem die Menschen sich freiwillig einer Obrigkeit unterstellen, um als Gegenleistung den Schutz der eigenen Person und des Eigentums zu erlangen.

Beiden Seiten wird bei Vertragsverletzung die **Möglichkeit einer Kündigung** zuerkannt. Allerdings ist dabei die legitime Verweigerung des Gehorsams nicht als individueller Widerstand, sondern lediglich als kollektives Aufbegehren des gesamten Volks gedacht.

Michael Kohlhaas hingegen bezieht sich als Einzelner auf diese Option des Widerstands, wenn er seine Auflehnung mit dem Argument verteidigt, dass man ihn in seinen Rechten nicht geschützt und dadurch „verstoßen" (S. 44) habe – dass also der Landesherr seiner Pflicht nicht nachgekommen ist (vgl. *Interpretationshilfe* S. 89). Dieselbe naturrechtliche Vorstellung zum **Verhältnis zwischen Staat und Individuum** bringt Kohlhaas auch gegenüber seiner Frau zum Ausdruck: „weil ich in einem Lande, liebste Lisbeth, in welchem man mich, in meinen Rechten, nicht schützen will, nicht bleiben mag" (S. 23 f.).

Wie in dieser Textstelle deutlich wird, plant Kohlhaas die Emigration seiner Familie allein, und seine Frau Lisbeth scheint von der Verletzung des Gesellschaftsvertrags nicht so direkt betroffen wie er selbst. Historisch ist dies stimmig, denn Frauen waren in diesen Vertrag nicht in gleicher Weise eingebunden wie Männer. Durch ihre Beschränkung auf die private Sphäre, wo sie die Rolle der Hausfrau, Gattin und Mutter innehatte, war die Frau ihrem Ehemann untergeordnet: Dieser fungierte als Familienoberhaupt, und darüber hinaus kam es ihm zu, nach außen hin, in der Öffentlichkeit, als Staatsbürger aufzutreten.[3]

Die **Rechtssicherheit**, die Kohlhaas im Namen des Naturrechts einfordert, war zu Kleists Lebzeiten bereits ansatzweise im *Preußischen Allgemeinen Landrecht* von 1794 verwirklicht. Dieses Gesetzespaket stellte einen wichtigen Schritt hin zum Rechtsstaat und zur bürgerlichen Emanzipation dar, weil es die Gleichheit aller Menschen hervorhob und insofern mit der feudalistischen Ständegesellschaft brach. Allerdings bestanden die Privilegien des Adels dennoch fort, zumal er die Rechtsorgane faktisch kontrollierte. Diese **Kluft zwischen formalisiertem Recht und Rechtspraxis** spielt eine wichtige Rolle in Kleists Erzählung, ist doch deren Protagonist eben damit konfrontiert, dass sein Vertrauen in die Gültigkeit der Gesetze enttäuscht wird.

Indem *Michael Kohlhaas* das sich zu Beginn des 19. Jahrhunderts zuspitzende Spannungsverhältnis zwischen aufstrebendem Bürgertum und dem an seiner überkommenen Machtposition festhaltenden Adel ins 16. Jahrhundert projiziert, wird die Aufmerksamkeit auf die **historische Kontinuität** der Vormachtstellung der Aristokratie gelenkt. Die Missstände des 19. Jahrhunderts, die in Kleists Erzählung vielfach als Anachronismen aufblitzen, erscheinen somit als überholte Überbleibsel einer vergangenen Epoche – und darüber hinaus als Anlässe zur Auseinandersetzung mit grundlegenden Problemen des gesellschaftlichen Miteinanders.

Angriff auf das staatliche Gewaltmonopol

Das zentrale Thema von *Michael Kohlhaas* ist die Frage, inwieweit es gerechtfertigt ist, als Individuum **gegen Unrecht aufzubegehren**, wenn dabei nicht nur geltende Gesetze gebrochen, sondern auch Unbeteiligte getötet werden. Wann kippt der legitime Kampf gegen Unrecht um in Barbarei? Um der Vielschichtigkeit von Kleists Erzählung gerecht zu werden, ist es sinnvoll, **drei Aspekte** zunächst einzeln zu diskutieren: den Überfall von Kohlhaas auf die Tronkenburg, sein Rachefeldzug gegen den Junker und schließlich sein Kampf gegen den Kurfürsten von Sachsen.

Der **Überfall auf die Tronkenburg** ist so gestaltet, dass er bei der Lektüre sehr widersprüchliche Gefühle hervorruft. Zunächst nehmen Leserinnen und Leser mit einer gewissen **Befriedigung** zur Kenntnis, dass Kohlhaas zur Tronkenburg reiten und „den Jungherrn holen“ will – damit dieser eigenhändig „in den Ställen von Kohlhaasenbrück“ die beiden Rappen dickfüttere (S. 28). Der Gewaltexzess, in den der Überfall dann mündet, lässt jedoch jegliche Regung von **Schadenfreude unangemessen** erscheinen. Aber trotz dieses Blutbads nimmt man den Protagonisten nicht als verabscheuungswürdig wahr. Denn im Unterschied zu seinem Großknecht, der mit Freude und Eifer mordet – erwähnt wird, dass „unter dem Jubel Hersens“ Leichen aus den Fenstern „flogen“ (S. 29) –, erledigt Kohlhaas seine Rache zwar erbarmungslos, aber wie eine lästige Pflicht. Und am Ende empfindet man bei der Lektüre sogar wieder **Mitleid** mit ihm: Weil dem Junker die Flucht gelang, ist Kohlhaas' „Brust voll Schmerz und Jammer“ (S. 30 f.).

Insgesamt betrachtet nimmt der Überfall auf die Tronkenburg aus zwei Gründen eine Sonderstellung innerhalb der Erzählung ein: zum einen als grausamste Szene, zum anderen, weil bei diesem Akt der **Selbstjustiz** erstmals deutlich wird, dass Kohlhaas bei der Verteidigung des Prinzips der Rechtssicherheit blind ist für seine eigenen Verbrechen. Es ist kein Zufall, dass am Morgen nach dem Überfall von schönem Wetter, vom „hellen Schein der Sonne“ (S. 30), die Rede ist. Da Sonnenschein in der Literatur häufig mit Idylle verknüpft ist, vermag er hier als Kontrast die schreckliche Wirkung der geschilderten **Zerstörung** noch zu erhöhen.

Dass der Erzähler den Protagonisten bei der ansonsten sachlich-nüchternen Schilderung des Überfalls auf die Tronkenburg einmal als „Engel des Gerichts“ (S. 29) bezeichnet, kann als Hinweis auf den Beginn von Kohlhaas' Selbstüberschätzung gelten, in die er sich bei seinem **Rachefeldzug gegen den Junker** hineinsteigert.

Diese Entwicklung illustrieren seine Mandate: Bereits in seinem ersten Erlass erklärt Kohlhaas seine Jagd auf den Junker zu einem „gerechten Krieg“ (S. 31) und nimmt mit dem Begriff Krieg für sich als Einzelner eine Form der bewaffneten Auseinandersetzung in Anspruch, die gemeinhin nur zwischen Staaten existiert. Zur Legitimation seines Vorgehens bezieht er sich auf **Religiöses**, was seine gesteigerte Vermessenheit zeigt: In seinem zweiten Mandat erklärt Kohlhaas den Junker zum „allgemeinen Feind aller Christen“ (S. 33) und maßt sich damit eine göttliche Position an; in seinem dritten Mandat nennt er sich einen „Gott allein unterworfenen Herrn“ (S. 33), was an die Definition eines absolutistischen Herrschers erinnert (vgl. *Interpretationshilfe* S. 57 f.); und in seinem vierten und letzten Mandat begreift sich der Rosshändler anmaßend als „Statthalter Michaels, des Erzengels“, und ruft das Volk in der **Manier eines Revolutionärs** auf, „sich zur Errichtung einer besseren Ordnung der Dinge, an ihn anzuschließen“ (S. 39). Damit weitet er seinen Widerstand gegen das ihm zugefügte persönliche Unrecht zu einem Angriff auf das politische System aus.

Der Krieg verleiht dem Aufbegehren des Rosshändlers eine neue Dimension: Während der Überfall auf die Tronkenburg trotz seiner politischen Stoßrichtung – es geht Kohlhaas ja um die Verteidigung einer allgemeinen Rechtssicherheit – einen privaten Akt der Selbstjustiz darstellt, verlagert Kohlhaas mit seiner Jagd auf den Junker die Angelegenheit in die **öffentliche Sphäre**. Er verpflichtet bereits in seinem ersten Mandat „jeden Bewohner, seine Verwandten und Freunde nicht ausgenommen", den Junker „an ihn auszuliefern" (S. 31). Wieder einmal zeigt sich, dass Kohlhaas konkrete soziale Beziehungen geringer schätzt als abstrakte Prinzipien. Alle, die „des Junkers Partei ergreifen" (S. 39), erachtet er als **Feinde**. Dieses vereinfachte Weltbild macht ihn blind für das Unrecht, das er selbst mit seinen Brandschatzungen und Morden begeht.

Die Gewalt eskaliert. Szene aus Volker Schlöndorffs „Michael Kohlhaas – Der Rebell" mit Anita Pallenberg, der Muse der Rolling Stones, in der hinzuerfundenen Rolle der Katrina. Auch Keith Richards übernahm in dem Film eine – wenn auch kleine – Rolle.

Die Art und Weise, wie Michael Kohlhaas sich an dem Junker rächt – von seinem ultimativen „Rechtsschluss" (S. 28) bis hin zu seinem Privatkrieg –, nimmt Bezug auf das mittelalterliche

Fehderecht, das einem Geschädigten die Selbsthilfe zur Durchsetzung von Rechtsansprüchen erlaubte. Die **Fehde** war zwar 1495 durch den *Ewigen Landfrieden* Kaiser Maximilians I. verboten, aber durch die *Carolina* von 1532, die Strafgerichtsordnung Karls V., unter bestimmten Umständen neuerlich gestattet worden – allerdings ausschließlich Adeligen.

Der Begriff Fehde ist folglich mit einer Zeit verknüpft, als das **staatliche Gewaltmonopol** noch nicht etabliert war. Es ist bezeichnend, dass der Begriff in der Erzählung nicht vorkommt: Indem Kleist stattdessen von „Krieg“ spricht, bestimmt er das Vorgehen von Kohlhaas gegen den Junker unmissverständlich als Aneignung staatlicher Machtbefugnisse und somit als Angriff auf das staatliche Gewaltmonopol – das zu Kleists Lebzeiten bereits rechtlich verankert war. Bemerkenswert ist, dass Kohlhaas sich nicht auf passiven Widerstand beschränkt: Bezug nehmend auf eine naturrechtliche Argumentation (vgl. *Interpretationshilfe* S. 89), entzieht er nämlich dem Staat, der ihm Rechtssicherheit verweigert, nicht nur den Gehorsam, sondern attackiert ihn direkt, indem er gegen dessen Truppen kämpft. Sein Angriff erscheint zugleich als **Selbstverteidigung**: Kohlhaas argumentiert, man habe ihm „die Keule, die mich selbst schützt, in die Hand“ gegeben (S. 44), und auch der Prinz Christiern von Meißen stellt fest, dass man Kohlhaas „das Schwert, das er führe, selbst in die Hand gegeben“ habe (S. 51).

Auch Kohlhaas’ **Kampf gegen den Kurfürsten von Sachsen** weist das Reaktionsmuster der Rache auf, dem der Rosshändler folgt: „‚Wer mir sein Wort einmal gebrochen‘, sprach er, ‚mit dem wechsle ich keins mehr‘“ (S. 103). In der Tat ist der sächsische Kurfürst verantwortlich für den **Bruch der Amnestie**, weil er sich von seinen korrupten Beratern manipulieren lässt, statt auf eine faire Durchführung des Prozesses gegen den Junker zu pochen (vgl. *Interpretationshilfe* S. 51 f.).

Allerdings zeigt sich hier auch der Mechanismus, dass Kohlhaas zum Teil erst erzeugt, was er zu bekämpfen glaubt: Weil er unbedingt eine eindeutige Situation herbeiführen will – er ist „entschlossen die Sache zu beugen oder zu brechen“ (S. 75) –, provoziert er schließlich den Bruch der Amnestie. Mit einem ungehaltenen „ja! ja! ja!“ (S. 76) antwortet der Freiherr von Wenk auf die insistierende Nachfrage von Kohlhaas, ob die ihm öffentlich zugesicherte Amnestie nicht mehr gelte? Durch seinen Drang, die Regierung bloßzustellen, verschlechtert Kohlhaas seine Lage.

Kohlhaas muss jedoch zugute gehalten werden, dass er, indem er die Dinge eskalieren lässt, **Missstände aufdeckt**. Das machtpolitische Taktieren des brandenburgischen Kurfürsten und insbesondere das Ausmaß der Vetternwirtschaft und Willkür in Sachsen wären verborgen geblieben, wäre Kohlhaas nicht so entschlossen und brutal gegen den Junker vorgegangen.

So betrachtet scheint sich auch Kohlhaas’ Kampf gegen den Kurfürsten von Sachsen gegen das staatliche Gewaltmonopol zu richten: Indem Kohlhaas durch das Verschlingen des Zettels mit der Weissagung dafür sorgt, dass der Kurfürst nicht ungestraft davonkommt, kompensiert er die Unzulänglichkeiten des bestehenden politischen Systems, in dem sich alle Gewalt im Fürsten konzentriert, der für ihren Missbrauch nicht zur Verantwortung gezogen wird; denn eigentlich müsste der Kurfürst für sein Verhalten von staatlicher Seite belangt werden.

Was lässt sich daraus nun insgesamt – wenn man die drei Aspekte zusammendenkt – für die Frage folgern, ob Kohlhaas’ Angriff auf das staatliche Gewaltmonopol gerechtfertigt ist? Der Text ist so gestaltet, dass er **eine einfache Anwort verweigert** und seine Leserinnen und Leser stattdessen immer wieder provoziert, zu beurteilen, ob Kohlhaas eher borniert oder konsequent handelt, ob sein Vorgehen eher von **verachtenswertem Fanatismus** oder von **anerkennenswerter Zivilcourage** zeugt.

Aber auch wenn Kleists Novelle sich auf keine eindeutige Botschaft reduzieren lässt, so kann doch Folgendes abschließend festgehalten werden: Die Verabsolutierung eines Prinzips führt, dies wird eindrucksvoll deutlich, zu einer **Spirale der Gewalt**, zu gesteigerter Inhumanität. Wie das Schaubild auf der gegenüberliegenden Seite veranschaulicht, vollzieht sich die Entwicklung, die in der Hinrichtung gipfelt, in vielen kleinen Schritten. Diese unterliegen allerdings keiner Eigendynamik, sondern resultieren – neben strukturellen gesellschaftlichen Gegebenheiten – auch aus individuellen Entscheidungen.

Aber statt seinen **Handlungsspielraum** zu nutzen und beständig das Für und Wider seiner Taten abzuwägen, folgt der Protagonist seinem Rechtsgefühl, das in seiner Starrheit eine destruktive Komponente besitzt. Ihm ordnet Kohlhaas alles andere unter und richtet dadurch mehr Leid an, als ihm zugefügt wurde.

Der Philosoph Ernst Bloch (1885–1977) hat mit Blick auf *Michael Kohlhaas* darauf hingewiesen, dass das Rechtsgefühl häufig in der Geschichte missbraucht wurde – im Nationalsozialismus ebenso wie bei Lynchgerichten oder auch bei der Hexenverfolgung, die vom 15. bis zum 18. Jahrhundert praktiziert wurde: „Dem Holzstoß mit der Hexe drauf hat ein damals gängiges Rechtsgefühl ganz anders zugestimmt als den wenigen, die die Feuer löschen wollten.“[4] Das Rechtsgefühl ist keine objektive, überhistorische Größe, sondern immer Ausdruck spezifischer gesellschaftlicher Verhältnisse. Auch Kleist war sich bewusst, dass das individuelle **Rechtsgefühl keine verlässliche Instanz** bildet; am 15. August 1801 schrieb er an seine Verlobte Wilhelmine von Zenge: „Man sage nicht, daß eine Stimme im Innern uns heimlich und deutlich anvertraue, was recht sei. Dieselbe Stimme, die dem Christen zuruft, seinem Feinde zu vergeben, ruft dem Seeländer zu, ihn zu braten, und mit Andacht ißt er ihn auf.“[5]

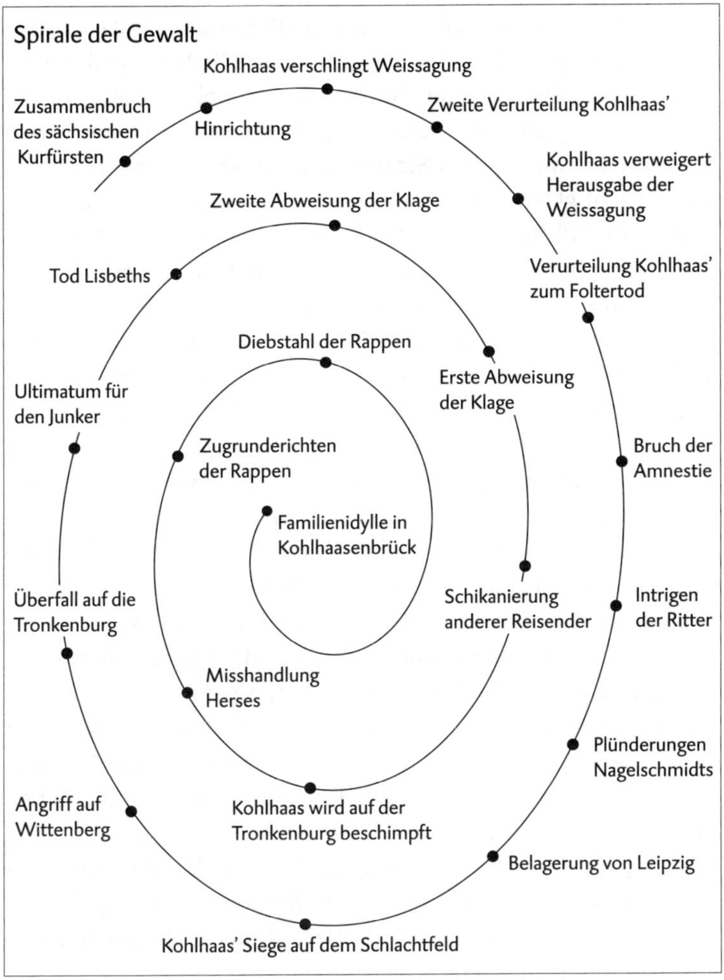

Die symbolische Bedeutung der Rappen

Die beiden Rappen, die den Konflikt zwischen dem Junker und Michael Kohlhaas auslösen, stellen ein **Dingsymbol** dar, das heißt einen „Gegenstand von symbolhafter Bedeutung, der an bedeutsamen Stellen wiederholt erscheint"[6] – ein Stilmittel, das in Novellen, wie bereits erwähnt, häufig zum Einsatz gelangt. Doch worin genau besteht die symbolische Bedeutung der Rappen? Auf welchen höheren Sinnbereich verweisen sie?

Zweifellos steht die Verfassung der Pferde in einem engen Zusammenhang mit dem **Status ihres Besitzers** – zunächst mit seiner Tüchtigkeit, Unbescholtenheit und Respektabilität als Kaufmann: Als Kohlhaas am Anfang der Erzählung an der Tronkenburg angehalten wird, ist er der Inbegriff eines angesehenen Bürgers und stolzer Besitzer einer „Koppel junger Pferde, wohlgenährt alle und glänzend" (S. 3). Die Tiere, die er auf Märkten in Sachsen mit Gewinn zu verkaufen gedenkt, dienen als **Handelsware**. Ihr Zustand zeigt, dass Michael Kohlhaas sich auf das Geschäft der Pferdezucht versteht – was auch der Junker und dessen Freunde bezeugen, die „alle meinten, dass die Pferde wie Hirsche wären, und im Land keine bessern gezogen würden" (S. 5).

Ab dem Moment, in dem die Untergebenen des Junkers die Rappen „zum Pfande" einfordern (S. 6 f.), ändert sich deren Bedeutung: Sie werden zum **Streitobjekt**. Damit ist ihr kontinuierlicher Niedergang eingeleitet: Nachdem sie auf der Tronkenburg so häufig für die Feldarbeit eingespannt und so schwer vernachlässigt wurden, dass sie „das wahre Bild des Elends im Tierreiche" (S. 8) abgeben, erreicht ihr Zustand auf dem Schlossplatz in Dresden seinen völligen Tiefpunkt – die „jämmerlichen Tiere" scheinen „alle Augenblicke sterben zu wollen" (S. 58). Aber es gelingt, die beiden Rappen aufzupeppeln: In der Schlussszene, am Tage der Hinrichtung von Michael Kohlhaas, sind die „von Wohlsein glänzenden" (S. 107) Rappen ebenso prächtig wie in der Eingangsszene.

Symbolisieren die Rappen also jeweils den Zustand der Gerechtigkeit – und folglich am Ende deren Sieg? Nein, der Eindruck, die Ordnung sei am Ende wiederhergestellt, trügt, denn Kohlhaas wird das Opfer einer parteilichen Justiz. Die Rappen symbolisieren vielmehr, wie Michael Kohlhaas selbst jeweils seine **Anerkennung als Rechtssubjekt** einschätzt: Der Rosshändler fühlt sich zum Schluss, als es ihm gelungen ist, in seiner Streitsache über den Junker zu triumphieren, ebenso als Rechtssubjekt anerkannt wie am Anfang der Erzählung, als er auf die Gültigkeit rechtsstaatlicher Prinzipien vertraut (S. 7).

Guido Beyer, Thilo Prothmann und Sabine Hollweck in Steffen Kaisers Inszenierung des „Michael Kohlhaas" am Reutlinger Theater „Die Tonne" im Jahre 2002

Seine Anerkennung als Rechtssubjekt ist für Kohlhaas unmittelbar an sein Menschsein geknüpft. Den Diebstahl seiner beiden Pferde empfindet er daher als schmachvollen **Angriff auf seine Menschenwürde**: „Lieber ein Hund sein, wenn ich von Füßen getreten werden soll, als ein Mensch!" (S. 24) Sobald die Pferde zum Symbol von Unrecht werden, haben sie **ihre materielle Bedeutung eingebüßt**: Es ist die Rede davon, dass es Kohlhaas „nicht um die Pferde zu tun war – er hätte gleichen Schmerz empfunden, wenn es ein Paar Hunde gegolten hätte" (S. 20).

Dass der Rosshändler seine beiden Rappen als Symbol seiner Menschenwürde begreift, zeigt sich auch daran, dass er den Anblick seiner ausgemergelten Tiere kaum ertragen kann: Zweimal lässt er sie, obwohl er sie hätte mitnehmen können, wutentbrannt auf der Tronkenburg zurück (S. 10, 30) und auf dem Schlossplatz in Dresden betrachtet er die scheinbar todgeweihten Rappen lediglich „flüchtig" aus der Ferne (S. 62).

Allerdings gibt es noch einen anderen Grund dafür, dass Kohlhaas es vermeidet, sich dem Anblick seiner zugrundegerichteten Pferde auszusetzen: Sie symbolisieren nämlich nicht ausschließlich die Untergrabung seines Status als Rechtssubjekt, sondern konfrontieren ihn ebenso mit der problematischen **Verabsolutierung seines Rechtsgefühls**, indem sie ihm das Missverhältnis zwischen Anlass und Folgen seines Rachefeldzugs vor Augen führen: Kohlhaas reagiert beim Überfall auf die Tronkenburg auf die Frage des Knechts, „was er mit den Tieren nun anfangen solle", „mit einer fürchterlichen Gebärde", einem angedeuteten Tritt, der, „wenn er ihn getan hätte", den Knecht getötet hätte (S. 30). Er wird aggressiv, weil er spürt, dass sein Morden in einem Missverhältnis zum Diebstahl zweier Pferde steht. Ebenfalls ist bezeichnend, dass der Verbleib seiner beiden Rappen nach dem Überfall ungewiss ist: Kohlhaas hat den Anlass für seinen Krieg im wahrsten Sinn des Wortes aus den Augen verloren; sein Rechtsgefühl gleitet ins Wahnhafte ab.

Körpersprache und soziale Verortung

In Kleists *Michael Kohlhaas* nimmt die Schilderung der Körpersprache – Blicke, Mimik, Gesten, Erröten, Erbleichen etc. – breiten Raum ein. Sie dient dazu, Vorgänge im Innern der Figuren, das heißt Gefühle und Gedanken, anzuzeigen (vgl. *Interpretationshilfe* S. 83). Aber auffälligerweise verfügen nicht alle Figuren über dasselbe Spektrum körperlicher Regungen.

Ausschließlich die wichtigsten **Gegenspieler des Protagonisten** – der Junker und der Kurfürst von Sachsen – werden nämlich als **kränkelnd und schwach** gezeichnet. Wie die folgende Übersicht zeigt, geschieht dies an vielen Stellen im Text.

Körperliche Schwäche bei den Hauptgegnern von Kohlhaas

Der Junker Wenzel von Tronka:

- „da eben das Wetter wieder zu stürmen anfing, und seine dürren Glieder durchsauste“ (S. 6)
- „der sich die Wamsschöße frierend vor den Leib hielt“ (S. 7)
- „wo er den Junker, der aus einer Ohnmacht in die andere fiel, unter den Händen zweier Ärzte fand, die ihn mit Essenzen und Irritanzen wieder ins Leben zurück zu bringen suchten“ (S. 36)
- „die Brust, wegen Mangels an Luft, noch halb offen“ (S. 37)
- „nach Herstellung von einer gefährlichen Rose, die seinen Fuß entzündet hatte“ (S. 55)
- „mit schwacher, zitternder Stimme“ (S. 56)
- „mit bleichen, bebenden Lippen“ (S. 60)

Der Kurfürst von Sachsen:

- „so fiel er doch schon ohnmächtig auf den Boden nieder“ (S. 86)
- „aber diese Reise zog ihm, nach seiner Ankunft daselbst, zwei neue Ohnmachten zu“ (S. 87)
- „unter gleichwohl entscheidenden Symptomen eines herannahenden Nervenfiebers“ (S. 87)
- „indem er sich den Schweiß abtrocknete“ (S. 88)
- „da der Kurfürst sich schweigend, mit der Gebärde eines ganz Hoffnungslosen, auf das Kissen zurücklegte“ (S. 88)
- „starr, mit unruhig klopfendem Herzen lag er da, und sah auf die Spitze des Schnupftuchs nieder“ (S. 89)
- „Der Zustand des Kurfürsten […] verschlimmerte sich in dem Grade, dass der Arzt, während drei verhängnisvoller Tage, seines Lebens wegen […] in der größesten Besorgnis war“ (S. 90f.)
- „nach dem Krankenlager einiger peinlich zugebrachten Wochen“ (S. 91)
- „verfiel in eine neue Krankheit“ (S. 94)
- „und während er sich den Schweiß abtrocknete, sank er wieder auf das Lager zurück“ (S. 98)
- „sank, bei diesem Anblick, ohnmächtig, in Krämpfen nieder“ (S. 109)
- „zerrissen an Leib und Seele“ (S. 109)

Es ist ein entscheidendes Charakteristikum beider Figuren, dass sie als **Opfer ihrer schwachen Konstitution** erscheinen: insbesondere der Kurfürst, dessen Gesundheit merklich unter seiner Jagd nach der Weissagung leidet und der schließlich an der Ungewissheit bezüglich seiner Zukunft zugrunde geht (S. 109), aber auch der Junker, wenn er etwa auf dem Hof der Tronkenburg fröstelt (S. 6, 7) oder „aus einer Ohnmacht in die andere" (S. 36) fällt. Sowohl der Junker als auch der Kurfürst werden **mit satirischen Mitteln** lächerlich gemacht: In Panik verliert Ersterer beispielsweise beim Zug durch Wittenberg „mehrere Mal, ohne ihn zu vermissen, den Helm" (S. 37), und Letzterer gibt eine äußerst komische Figur ab, als er, im Bett liegend, verzweifelt „auf die Spitze des Schnupftuchs" niedersieht, das er „gedankenvoll zwischen den Händen" hält (S. 89). Und wenn, ebenfalls bezüglich des Kurfürsten, die Rede von der „Kraft seiner natürlichen Gesundheit" ist (S. 91), dann kann dies als Ironie gelten, zumal drei Zeilen darunter ausgeführt wird, was bei ihm unter Genesung zu verstehen ist: dass „man ihn in einen Wagen bringen, und mit Kissen und Decken wohl versehen" nach Dresden transportieren kann.

Allerdings sind die Figuren ihrer körperlichen Schwäche nur bedingt ausgeliefert, denn sie setzen diese durchaus auch zum Zweck der **Manipulation** ein: Der Junker etwa will sich vor den berechtigten Vorwürfen seiner Lehnsvettern Hinz und Kunz von Tronka schützen, indem er ihr Mitleid durch einen Hinweis auf seine kaum erfolgte Genesung zu erregen sucht (S. 56). Und auch der Kämmerer Kunz selbst nutzt seine angeschlagene Gesundheit aus, als er nach dem Tumult auf dem Schlossplatz „krank, wie er an seinen Wunden daniederlag" (S. 65), vom Kurfürsten besucht wird: Er behauptet mit einer „schwachen und rührenden Stimme", dass er „sein Leben daran gesetzt" (S. 66) habe, die Streitsache zwischen Kohlhaas und dem Junker beizulegen. Erkennbar wird, dass der Kämmerer sein Leiden übertreibt, um den Kurfürsten weiter gegen Kohlhaas einzunehmen. Da der Kämmerer aber nur einmal das Bett hütet, und das infolge gravierender körperlicher Gewalt, ist er jedoch im Unterschied zum Junker und zum Kurfürsten nicht als wehleidig oder ängstlich charakterisiert. Gleichwohl dient die Schilderung körperlicher Schwäche bei allen drei Personen dazu, diese als **verachtenswert** darzustellen und so eine Identifikation der Leserinnen und Leser mit ihnen zu verhindern.

Verschärft wird dieser Eindruck dadurch, dass die Körperlichkeit des Protagonisten von gegensätzlicher Beschaffenheit ist: Selbst wenn er nicht heroisiert wird, so erscheint er doch in seiner eigentümlich gebremsten Emotionalität **widerstandsfähig** und geradezu unverwüstlich – und das sogar noch bei seiner Hinrichtung, als er mit absonderlicher Gelassenheit den Richtblock betritt, wohingegen der sächsische Kurfürst kurz zuvor „ohnmächtig, in Krämpfen" (S. 109) niedersinkt.

Der Kontrast zwischen Kohlhaas und seinen Gegenspielern wird auch daraus ersichtlich, dass der Rosshändler auf Schicksalsschläge nie mit Ohnmachten reagiert – also mit Flucht in die Bewusstlosigkeit –, sondern zunächst mit verhaltenem Schmerz und dann mit Wut, Tatkraft und Gewalttätigkeit: Nachdem ihm etwa bei der Beerdigung seiner Frau eine weitere Abweisung seiner Klage zugestellt worden ist, „warf er sich noch einmal vor ihrem, nun verödeten Bette nieder, und übernahm sodann das Geschäft der Rache" (S. 28). Folglich gibt der Protagonist zwar ein **Gegenbild** zur verweichlichten beziehungsweise berechnenden Haltung ab, mit der seine Widersacher auf Schwierigkeiten reagieren, erscheint aber zugleich selbst geradezu abgestumpft oder zumindest eingeschränkt in seinem Empfinden, das auf verabsolutierte Rechtsprinzipien fixiert ist. Er scheint keine Müdigkeit oder Schwäche zu kennen; nur nach dem Überfall auf die Tronkenburg „ruhete er einige Stunden, unter dem Burgtor, von seinen jämmerlichen Geschäften aus" (S. 31).

Aufschlussreich ist der so zum Ausdruck kommende Zusammenhang zwischen **Körpersprache und sozialer Schicht**: Gewiss ist es kein Zufall, dass ausgerechnet drei Adelige mit Krankheit und Schwäche in Verbindung gebracht werden, während Kohlhaas als Bürger durch eine (selbst)zerstörerische Disziplinierung des eigenen Körpers gekennzeichnet wird.

In dieser Funktion der Körpersprache als Mittel der sozialen Verortung schlägt sich nieder, wie sich zu Lebzeiten Kleists das **aufstrebende Bürgertum** im hierarchischen gesellschaftlichen Gefüge positionierte. Sich vom Adel abgrenzend, der seine Herrschaft auf angeborene, vererbte Eigenschaften (Stichwort „blaues Blut") gründete, begriff das Bürgertum den Körper als veränderbar durch Arbeit und Erziehung – eine Vorstellung, der ein Moment von Selbstbefreiung anhaftet, die aber auch zur Unterdrückung von Teilen des Selbst führte.[7]

Diese Gegenüberstellung war auch von geschlechtlichen Zuschreibungen geprägt: Das Bürgertum lehnte die aristokratische Oberschicht beziehungsweise die feudale Zivilisation als **effeminiert** ab – als verweiblicht und verweichlicht –, während es die Kultur der eigenen Klasse als **mannhaft und gesund** charakterisierte. Dahinter stand die Vorstellung, dass der steigende Einfluss der Frauen in der höfischen Kultur im Zusammenhang mit einer zunehmenden Verfeinerung der Umgangsformen zu einem unaufhaltsamen Verfall der Sitten geführt habe.[8]

In Kleists *Michael Kohlhaas* lässt sich diese Vorstellung jedoch keineswegs ungebrochen wiederfinden. Denn der adelige Stand wird zwar durch die Körpersprache als **dekadent** kritisiert – als kraftlos infolge kultureller Überfeinerung –, aber die Frauen sind weder als das so genannte schwache Geschlecht dargestellt noch als jene, die für gesellschaftliche Missstände die Verantwortung tragen. Selbst die Leichtfertigkeit der Dame Heloise, Frau des Kämmerers, nimmt sich im Vergleich zur Verderbtheit der männlichen Herrscherclique harmlos aus: Wenn der Kurfürst von Sachsen mit den Worten „Torheit, du regierst die Welt, und dein Sitz ist ein schöner weiblicher Mund!“ (S. 84 f.) Heloise zu verstehen gibt, dass er einwilligt, gemeinsam mit ihr inkognito einen neugierigen Blick auf Michael Kohlhaas zu werfen, dann fällt diese Bemerkung auf ihn selbst zurück. Denn nicht seine Jugendliebe Heloise, sondern er verfügt über die Regierungsgewalt und missbraucht sie – etwa, indem er seine Amnestiezusage bricht.

Das Motiv der Unberechenbarkeit

Bemerkenswert ist, wie häufig der **Zufall** den Handlungsverlauf der Novelle maßgeblich beeinflusst. Deutlich wird dies zum einen an der Wendung „Es traf sich“, die mehrmals der Schilderung folgenschwerer, **unerwarteter Ereignisse** vorausgeht: Beispielsweise ist der Stadthauptmann zufällig zugegen, als Kohlhaas den negativen Bescheid aus Dresden erhält (S. 18), woraufhin er beschließt, sich für den Rosshändler einzusetzen; oder der Kurfürst von Sachsen ruht sich ausgerechnet im selben Ort von der Hirschjagd aus, in dem der Gefangenentransport von Kohlhaas auf dem Weg nach Berlin Station macht (S. 82).

Zum anderen handelt die Erzählung aber auch dann, wenn diese signalhafte Wendung nicht auftaucht, auffallend oft von unwahrscheinlichen Begebenheiten, wobei sich dahinter **keine Gesetzmäßigkeit in Form einer Parteilichkeit** verbirgt. Mit anderen Worten: Mal nutzt der Zufall Kohlhaas, mal schadet er ihm. Wenn etwa einerseits nicht „eines der kleinen, zarten Kinder des Kohlhaas“ (S. 83) auf dem Weg nach Berlin erkrankt wäre, hätte er in Dahme nicht den sächsischen Kurfürsten getroffen – und kein Mittel in der Hand gehabt, sich an diesem zu rächen. Wenn aber andererseits Nagelschmidts Bote nicht „dicht vor Dresden, in Krämpfen“ (S. 77) niedergesunken und aufgefunden worden wäre, hätte Kohlhaas mithilfe des Briefs, den jener überbringen sollte, keine Falle gestellt werden können.

Auch das **Wetter**, das nahezu ausnahmslos (vgl. *Interpretationshilfe* S. 62) als stürmisch und regnerisch dargestellt ist, spielt – zumindest im ersten Drittel der Erzählung – eine wichtige Rolle als Zufallsmoment. Wie häufig in der Literatur, kündigt auch in Kleists *Michael Kohlhaas* schlechtes Wetter vor allem Unheil an oder veranschaulicht inneren Aufruhr: Als „eben der Regen heftig stürmte“ (S. 3), wird Kohlhaas am Schlagbaum vor der Tronkenburg angehalten, sodass man Übles befürchtet; und wenn Kohlhaas unter dem „Gemurmel eines entfernten Gewitters“ (S. 32) zum Kloster Erlabrunn reitet, dann wird durch diese Naturszenerie seine Wut mitsamt der Gefahr, die der Äbtissin dadurch droht, anschaulich.

Aber das Wetter fungiert darüber hinaus als **Unsicherheitsfaktor** – und zwar als einer, der Kohlhaas bei seiner Jagd auf den Junker hemmt oder die Folgen seines Rachefeldzugs abschwächt: Beispielsweise hindern „die Gewässer der Mulde, vom Regen geschwellt“ (S. 33), Waldmann, einen Knecht von Kohlhaas, daran, das Mandat rechtzeitig zum Kloster Erlabrunn zu bringen, sodass der Junker fliehen kann; des Weiteren bewahren den Rosshändler ein „ungeheurer Wetterschlag“ und „ein plötzlich furchtbarer Regenguss“ (S. 33) davor, die unschuldige Äbtissin zu ermorden. Dieselbe göttlich anmutende **Schutzfunktion** scheint das Wetter zu besitzen, als ein von Kohlhaas in Leipzig gelegtes Feuer kaum Schaden anrichtet – „wegen eines anhaltenden Regens der vom Himmel fiel“ (S. 39).

Allerdings kommt das Wetter nicht systematisch als Werkzeug einer höheren Macht zum Einsatz. Vielmehr betont es letztlich als Zufallsmoment die **Unberechenbarkeit** der Wirklichkeit – ein Effekt, den insbesondere der Wankelmut des Junkers illustriert: Während ihn die eine Sturmböe milde gegenüber Kohlhaas stimmt – er gibt Anweisung, „den Schlucker laufen“ zu lassen (S. 6) –, veranlasst ihn kurz darauf eine weitere zu einer Drohung (S. 7).

Die Unberechenbarkeit der Wirklichkeit ist durch die zahlreichen, zum Teil höchst unwahrscheinlichen Zufälle, die in den Handlungsverlauf eingreifen, zwar ins Absurde, Unrealistische gesteigert, aber gleichwohl erhebt die Novelle den **Anspruch, die Realität adäquat einzufangen**: Wenn der Erzähler nämlich an einer Stelle augenzwinkernd hervorhebt, dass „die Wahrscheinlichkeit nicht immer auf Seiten der Wahrheit ist" (S. 101), dann weist er ironisch auf die Fiktionalität dessen, was er erzählt, hin (vgl. *Interpretationshilfe* S. 81), aber behauptet zugleich implizit, dass die Schilderung von Unwahrscheinlichem durchaus zu richtigen Erkenntnissen führen kann – dass also die Übertreibung Dinge zum Vorschein bringen kann, die sonst im Verborgenen bleiben.

Entscheidend ist, welches **Menschenbild** durch diese Unberechenbarkeit erzeugt wird. Die Individuen – auch jene, die Machtpositionen besetzen – scheitern mehrheitlich mit ihren Handlungsabsichten, weil sie diese in einer komplexen Realität nicht wie geplant umsetzen können und ihr Tun unabsehbare Folgen mit sich bringt. Zugespitzt deutlich wird dies bei der Voraussage der Wahrsagerin, dass den beiden Kurfürsten „der große, gehörnte Rehbock" auf dem Jahrmarkt „entgegenkommen würde" (S. 95): Indem das Ereignis gerade deshalb eintritt, weil es verhindert werden soll, wird die **Absicht** des brandenburgischen Kurfürsten, der die Schlachtung des Rehbocks angeordnet hat, **ins Gegenteil verkehrt** – was dem extremsten Fall eines Scheiterns von Intentionen entspricht. Folglich scheinen die Figuren der Novelle – auch der geschickte Kurfürst von Brandenburg – nicht autonom zu handeln, sondern schwer durchschaubaren Verhältnissen unterworfen; sie **reagieren** eher, als dass sie agieren. Je weiter die Erzählung voranschreitet, desto mehr verdichtet sich der Eindruck, dass die Welt von einer „ungeheuren Unordnung" (S. 20) geprägt ist, die sich nur punktuell in eine oberflächliche Ordnung überführen lässt.

Es wäre jedoch unangemessen, aus diesen Beobachtungen zu folgern, dass das Individuum in Kleists *Michael Kohlhaas* einer chaotischen Welt ausgesetzt ist, in der es zum Spielball der Ereignisse wird, für die keinerlei Ursachen, Zusammenhänge oder Gesetzmäßigkeiten erkennbar sind. Denn die Realität, mit der die Figuren konfrontiert sind, ist von einer spezifischen Unberechenbarkeit: Am treffendsten kann man sie als **kontingent** bezeichnen – das heißt als zufällig in dem Sinn, dass sie weder beliebig noch notwendig ist. Anders gesagt: Es existiert zwar keine Handlungsfreiheit, aber ein Handlungsspielraum. Infolgedessen sind die Individuen **verantwortlich für ihr Tun**, selbst wenn sie ihre Ziele vielfach verfehlen.

Denn selbstverständlich ist es kein Zufall, dass ein Angehöriger des bürgerlichen Stands zum Opfer einer Justiz wird, die auf der Seite des Adels steht. Letztlich sind die Machtverhältnisse ausschlaggebend. Gleichgültig, ob der Prinz von Meißen nur zufällig auf seinen Gütern weilt, als die Kohlhaas garantierte Amnestie gebrochen wird, oder ob er sich einer heiklen Situation entziehen wollte: Seine Abwesenheit kann sich nur deshalb unheilvoll für Kohlhaas auswirken, weil sie in korrupte politische Verhältnisse eingebettet ist.

Ein Paradebeispiel für das **subtile Zusammenspiel von Zufall, Schuld und Machtstrukturen** sind die Vorgänge, die zu Lisbeths Tod führen: Stirbt Kohlhaas' Frau aufgrund einer Verkettung ungünstiger Umstände – weil sie sich einerseits „zu dreist an die Person des Landesherrn vorgedrängt" hat und andererseits auf eine Wache trifft, die „bloßen rohen Eifer" bei der Handhabung ihrer Lanze zeigt (S. 26)? Auffälligerweise wird darauf hingewiesen, dass dieser Vorfall sich „ohne Verschulden" (S. 26) des Kurfürsten von Brandenburg zutrug, und auch Kohlhaas lastet seinem Landesherrn den Tod Lisbeths nicht an. Während Kleists Erzählung keinen Zweifel daran lässt, dass ein Kurfürst für das Handeln der Mitglieder seines Staatsrats verantwortlich ist, wird ihm das Verhalten seiner Wache nicht als Schuld angerechnet. Gleichwohl ist das Verhalten der Wache kontingent und eben nicht zufällig: Es bedarf bestimmter politischer Verhältnisse, damit eine Wache es sich herausnimmt, so brutal vorzugehen.

4 Erzähltechnische und sprachliche Besonderheiten

Selbst wenn nicht feststeht, ob der Untertitel „Aus einer alten Chronik" von Kleist stammt oder ob sein Verleger Reimer ihn der 1810 publizierten Buchausgabe hinzufügte, ist nicht von der Hand zu weisen, dass der Erzähler die **Perspektive eines Chronisten** einnimmt – das heißt einer Person, die sich in neutraler Weise der genauen, chronologischen Aufzeichnung geschichtlicher Ereignisse widmet.

Landsknechte auf dem Marsch. Holzschnitt von H. Burgkmair, kurz nach 1500

Der Chronist in Kleists *Michael Kohlhaas* scheint seinen Zeitgenossen von einer wahren Begebenheit aus der ferneren Vergangenheit zu berichten: Am Anfang des Textes findet sich die Aussage, dass Kohlhaas „um die Mitte des sechzehnten Jahrhunderts" (S. 3) lebte, und am Ende wird der erzählerische Rahmen durch die Bemerkung geschlossen, „noch im vergangenen Jahrhundert" hätten einige „frohe und rüstige Nachkommen" von Kohlhaas gelebt (S. 109). Daraus lässt sich schließen, dass

Kleist den **Erzähler im 18./19. Jahrhundert**, also in seiner eigenen Epoche, **angesiedelt** hat.

Der zeitliche Abstand zum geschilderten Geschehen gerät dem Erzähler allerdings nicht zum Hindernis; vielmehr nimmt er für sich in Anspruch, aufgrund eines intensiven Studiums historischer Quellen – er spricht von „Chroniken, aus deren Vergleichung wir Bericht erstatten" (S. 105) – über eine **detaillierte Kenntnis der Fakten** zu verfügen und deren **objektive Wiedergabe** zu betreiben. Zum einen wird dieser dokumentarische Charakter des Textes durch exakte Orts- und Zeitangaben sowie durch eine Vielzahl namentlich bezeichneter Personen unterstrichen. Zum anderen finden sich einige Latinismen (aus dem Lateinischen entlehnte Wörter), die den Eindruck von amtlicher Sachlichkeit erwecken, etwa „Insinuation" (S. 17), „Präliminar-Maßregel" (S. 52) oder „Okular-Inspektion" (S. 61), sowie Vokabeln der Kanzleisprache, wie etwa „behufs" (S. 92). Außerdem fällt auf, dass die zahllosen erwähnten **Schriftstücke** – Mandate, Erlasse, Plakate, Briefe, Urteile und so fort – allesamt in den **Status historischer Dokumente** gehoben werden, die dem Erzähler angeblich vorlagen: Ein fiktiver Brief Nagelschmidts wird dabei als genauso real eingeführt wie das Plakat Luthers, für das in der Tat – freilich als mahnendes Schreiben an Hans Kohlhasen – eine historische Vorlage existiert.

Zugleich weist der Erzähler darauf hin, dass er diese Schriftstücke gemäß den Erfordernissen einer ökonomischen Berichterstattung bearbeitet: Von dem „in kaum leserlichem Deutsch abgefassten Schreiben" Nagelschmidts (S. 76) erhält der Leser ebenso wenig einen ungefilterten Eindruck wie vom Plakat Luthers, das ihm lediglich „dem Hauptinhalt nach" (S. 52) mitgeteilt wird. Für sich genommen scheinen solche Anmerkungen die Sorgfalt des Erzählers – und damit die Authentizität der von ihm berichteten Vorkommnisse – zu bestätigen. Im Zusammenhang mit anderen Kommentaren können jedoch grundsätzliche

Zweifel an der Ernsthaftigkeit und Verlässlichkeit des Erzählers erhoben werden: Angeblich schrieb Luther Kohlhaas ein zweites Mal, und zwar einen „eigenhändigen, ohne Zweifel sehr merkwürdigen Brief, der aber verloren gegangen ist“ (S. 106). Wie passt zusammen, dass der Erzähler den Inhalt des Briefes einzuschätzen vermag, der ihm gar nicht vorliegen kann? Der Erzähler spielt mit der Neugier der Leserinnen und Leser, indem er ihnen etwas vorenthält und zugleich vortäuscht, nicht über genügend Informationen zu verfügen. Vor diesem Hintergrund wird auch seine Behauptung, nicht zu wissen, wohin der sächsische Kurfürst „eigentlich ging“, da die Chroniken „an dieser Stelle, auf befremdende Weise, einander widersprechen und aufheben“ (S. 105), als **Ironie** erkennbar.

Die Vertrauenswürdigkeit des Erzählers wird am stärksten erschüttert, als der Kämmerer bei der Suche nach einem Double für die Wahrsagerin ausgerechnet diese selbst aufspürt: Der Erzähler sucht diesen unwahrscheinlichen Zufall zu beglaubigen, indem er hervorhebt, dass „die Wahrscheinlichkeit nicht immer auf Seiten der Wahrheit ist“ (S. 101). Der allzu nachdrückliche Versuch, das Unwahrscheinliche für wahr zu erklären, gerät zu einem Hinweis auf die Fiktionalität der geschilderten Ereignisse. Diese **ironische Beglaubigung** untergräbt zwar die Glaubwürdigkeit des Erzählers, festigt aber auch dessen Machtposition: Er erweist sich als von den Leserinnen und Lesern letztlich unkontrollierbare Instanz.

Eine weiterer Aspekt der Erzähltechnik von *Michael Kohlhaas* unterläuft den sachlich-objektiven Stil einer Chronik: die zahlreichen **personenbezogenen Wertungen**. Steht der Erzähler auf der Seite von Michael Kohlhaas oder auf der seiner adeligen Gegenspieler? Bemerkenswert ist, dass der Text durch den Handlungsverlauf diese Frage zwar unentwegt aufwirft, aber eine eindeutige Antwort durch eine Kette unvereinbarer Wertungen verweigert.

In erster Linie wird die Wahrnehmung der Leserinnen und Leser durch **explizite negative Urteile** gesteuert: Für den Rachefeldzug kritisiert der Erzähler Kohlhaas unmissverständlich, indem er ihn als „entsetzlichen Wüterich" (S. 34) und als „rasenden Mordbrenner" (S. 39) bezeichnet, der einer „Schwärmerei krankhafter und missgeschaffener Art" (S. 33) anheimgefallen sei. Auch die Gegenspieler von Kohlhaas ziehen missbilligende Kommentare auf sich, allerdings in Abhängigkeit von ihrem gesellschaftlichen Rang, was als Vorsichtsmaßnahme Kleists angesichts der damals üblichen Zensur gelten kann: Als „nichtswürdige[r] Dickwanst" (S. 9) wird der Schlossvogt tituliert, der lediglich der Bedienstete eines Adeligen ist. Die Ritter hingegen nennt der Erzähler weniger drastisch „stolz" (S. 65) und „arglistig" (S. 66); und der Junker wird vom Erzähler nicht direkt beschimpft, sondern entweder von seinen Vettern, die ihn einen „Elenden und Nichtswürdigen" (S. 56) nennen, oder vom Volk (S. 37). Bemerkenswert ist zudem, dass das Unrecht, das Kohlhaas zugefügt wurde, am klarsten ohne eine Bezugnahme auf einzelne Personen gebrandmarkt wird: als „abscheuliche Ungerechtigkeit" (S. 18) oder als „Übermacht und Willkür" (S. 80). Die beiden Kurfürsten hingegen werden als Figuren von hohem gesellschaftlichem Rang nie direkt gerügt.

Insbesondere der Kurfürst von Sachsen wird stattdessen **mithilfe ironischen Lobs kritisiert**: Wenn etwa die Rede von „seinem für Freundschaft sehr empfänglichen Herzen" (S. 52) ist, dann spendet diese Bemerkung keineswegs einem charakterlichen Vorzug Beifall, sondern geißelt den Entschluss des Kurfürsten, den Kämmerer und den Mundschenk einer gerechten Bestrafung zu entziehen. Dass explizit positive Aussagen durch den Gang der Handlung als Ironie markiert und so ins Negative gewendet werden, zeigt sich auch bei den „staatsklugen" (S. 70) Rittern: So werden sie wegen ihrer Intrigen gegen Kohlhaas bezeichnet, zu denen auch das Verdrehen der Gesetze gehört.

Indem der Erzähler solch ein **dichtes Netz von expliziten und impliziten Wertungen** aufspannt, ohne klar Stellung zu beziehen, fordert er die Leserinnen und Leser auf, sich **ein eigenes Urteil zu bilden**. Allerdings verhält sich der Erzähler nicht neutral, sondern lenkt die Wahrnehmung behutsam durch den Einsatz von Ironie: Dass der sächsische Kurfürst und seine Beamten mit einiger Ironie geschildert werden, mag einer Verschleierungstaktik angesichts potenzieller Zensurmaßnahmen geschuldet sein; aber dies erklärt nicht, warum Kohlhaas nie Gegenstand ironischer Betrachtungen ist. Indem Kohlhaas ausnahmslos ernsthaft beurteilt wird, erscheint er als Opfer von Gewaltverhältnissen, das zu verspotten sich verbietet. Dahinter verbirgt sich eine Tendenz des Erzählers, **für Kohlhaas Partei zu ergreifen**. Allerdings bleibt festzuhalten, dass durch die Ausstreuung von Kritik und Lob über Vertreter gegnerischer Fraktionen immer nur **punktuelle Identifikationen** möglich sind.

Einer durchgängigen Identifikation wird noch durch ein anderes erzähltechnisches Merkmal entgegengewirkt: Der Erzähler tritt als ein so genannter **auktorialer Erzähler** auf, der außerdem vorwiegend eine **Außenperspektive** einnimmt und so zusätzlich Distanz zu seinen Figuren herstellt. Er überschaut zwar prinzipiell das gesamte Geschehen, aber er vermittelt meistens nur einen indirekten Eindruck vom Innenleben seiner Figuren, indem er statt Gedanken und Gefühlen deren **äußere körperliche Manifestationen** detailliert beschreibt – vor allem aussagekräftige Blicke sowie Veränderungen der Gesichtsfarbe, die auf Verlegenheit, Wut oder Furcht hindeuten, aber auch sonstige mimische Regungen, Gebärden und Gesten, die starke Gemütsbewegungen signalisieren: Lisbeth bedenkt Kohlhaas etwa mit einem „überaus seelenvollen Blick“, der Mahnung, Vergebung und Liebe zugleich ausdrückt (S. 27); die Stiftsfrau ist vor Angst „bleich, wie Linnenzeug“ (S. 32); der Kurfürst tritt bei einer Heuchelei „errötend an seinen Arbeitstisch“ (S. 91); Luther reagiert auf die Forderung von Kohlhaas nach einer Amnestie mit einem „verdrießlichen Gesicht“ (S. 44), oder der Prinz grüßt Kohlhaas „mit einer herablassenden Bewegung der Hand“ (S. 55).

In jenen seltenen Fällen, in denen psychische Befindlichkeiten direkt geschildert werden, handelt es sich vorwiegend um **qualvolle Gefühle**, die entweder Kohlhaas oder sein mächtigster Kontrahent, der sächsische Kurfürst, empfinden. Allerdings rufen diese Schilderungen nicht denselben Effekt hervor: Bezüglich des Kurfürsten wird **Verachtung** geweckt, wenn der Erzähler ihn als „dieser unglückliche Herr“ (S. 93, 104) bedauert, dessen „Herz von Kummer und Reue zerrissen“ sei (S. 105). Die Gefühle des Kurfürsten erscheinen unangebracht, da er nur aus egoistischen Gründen – er fürchtet, nicht in den Besitz der Weissagung zu gelangen – zu Verzweiflung und Reue fähig ist; die Missstände in seinem Staat hingegen, die für Kohlhaas den Tod bedeuten, bereiten ihm keinerlei Gewissensbisse, sondern allenfalls situativ das Empfinden von Peinlichkeit.

Demgegenüber entsteht **Mitleid oder Faszination**, wenn Kohlhaas als leidend beschrieben wird – wenn „von seinen jämmerlichen Geschäften“ (S. 31), vom „unglücklichen“ (S. 31) und vom „armen Kohlhaas“ (S. 65), von seinem „Schmerz und Jammer“ (S. 31) die Rede ist oder erwähnt wird, dass er sich „sehr traurig und erschüttert“ (S. 76) auf sein Zimmer begibt. Mitleid mit Kohlhaas stellt sich immer dann ein, wenn der Anlass für seine emotionale Erschütterung darin besteht, dass ihm Unrecht widerfährt. Und selbst wenn seine Verzweiflung darin gründet, dass er bei der Durchführung seiner Rache auf Hindernisse stößt, verurteilt man ihn nicht grundsätzlich, sondern ist abgestoßen und zugleich fasziniert. Eine besondere Nähe des Erzählers zu Kohlhaas zeigt sich auch daran, dass er die Leserinnen und Leser an einigen Stellen dazu auffordert, über Kohlhaas nachzudenken und sich in ihn hineinzuversetzen: Man soll zum Beispiel „erraten“ (S. 71), was in ihm vorgeht, oder man soll über seine „Gedanken mancherlei Art, die zu entwickeln zu weitläufig sind“, spekulieren (S. 68).

Darüber hinaus zeichnet sich die Novelle noch durch eine andere erwähnenswerte Besonderheit aus. Gemeint ist der ins Extrem gesteigerte **hypotaktische Satzbau**, der als typisch für Kleists einmaligen Prosastil gelten kann: Der Text besteht nahezu ausschließlich aus langen, verschachtelten Sätzen, in denen der Hauptsatz durch zahlreiche Nebensätze aufgesprengt und mitunter nicht mehr Träger des inhaltlichen Schwerpunkts ist. Auf der Ebene der Interpunktion werden diese verschlungenen Satzgebilde nicht nur durch Kommata, sondern durch auffallend viele Semikola und Doppelpunkte gegliedert; als Bindewörter fungieren – bisweilen entgegen der logischen Stimmigkeit – vor allem die Konjunktionen „dergestalt, dass“ oder „indem“.

Worin bestehen die Effekte eines solchen Stils? Den Leserinnen und Lesern wird eine hohe Konzentration abverlangt, da syntaktisch Zusammengehöriges weit auseinandergerissen wird: Beispielsweise liegen zwischen dem Objekt „einige Fragmente der Kriminalverhandlung“ und dem dazugehörigen Prädikat „angehängt“ 46 Wörter und zehn Kommata (S. 69). Auf der einen Seite wirkt dieser Stil anstrengend, mitunter sogar umständlich; auf der anderen Seite erzielt er jedoch **Tempo und Dynamik**. Es entsteht der Eindruck eines unausgesetzten Vorwärtsdrängens der Ereignisse, etwa durch das Aufeinandertreffen von Verben: „glaubte, fand, als er von dem, was vorgefallen, benachrichtigt, in bestürzten Märschen zurückkehrte“ (S. 35) oder „befand, benachrichtigt, erklärte“ (S. 40). Das Geschehen wird auf diese Weise bis zum **Eindruck von Simultaneität** (Gleichzeitigkeit) verdichtet.

Außerdem lässt sich eine **Entsprechung von Inhalt und Form** feststellen: Ebenso kompliziert wie die Welt, in der Kohlhaas sich bewegt, ist die Sprache strukturiert. Mit anderen Worten: Ebenso wie das grammatische Subjekt des Satzes ist das handelnde Individuum verstrickt in schwer entzifferbare Sinnbezüge, in ein Geflecht von Bedingungen, die sich kaum zueinander in ein Ursache-Wirkung-Verhältnis bringen lassen (vgl. *Interpretationshilfe* S. 75 ff.). Zugleich scheint der Kleistsche Erzähler nicht mithilfe der Sprache über die Realität zu verfügen. Vielmehr suggeriert der kunstvoll unelegante, stockende Stil, dass sich die Realität nur mühsam mit sprachlichen Mitteln greifen lässt.

Vor diesem Hintergrund erweist sich *Michael Kohlhaas* auch als **Gegenentwurf zum aufklärerischen Vertrauen in Sprache**. In der aufklärerischen Diskussionskultur, die sich mit dem Erstarken des Bürgertums im 18. Jahrhundert herausbildet, wird das Ideal eines rationalen zwischenmenschlichen Dialogs beschworen. In Kleists Novelle hingegen erscheint **Kommunikation** als äußerst störanfälliger, von Machtbeziehungen und unaussprechbaren Gefühlen geprägter Prozess. Im Rahmen der meist in indirekter Rede wiedergegebenen Dialoge findet kein offener, freier Meinungsaustausch statt; vielmehr werden Dinge verschwiegen und Gesprächspartner manipuliert – etwa als Lisbeth Kohlhaas ihrem Mann nicht zu gestehen wagt, dass es ihr am liebsten wäre, wenn er seinen Kampf gegen den Junker aufgäbe (S. 25). Ebenso wenig zeugt die schriftliche Kommunikation, die in dieser Novelle Priorität hat, von symmetrischen zwischenmenschlichen Kontakten: Die zahlreichen genannten Dokumente – seien es Erlasse, Briefe, Bittschriften, Plakate, Mandate, Dekrete, Gesetzestexte, Bibelverse, ein Passierschein oder ein Zettel mit Weissagungen – sind Instrumente zur Ausübung oder Absicherung von Macht und Gewalt.

5 Interpretation von Schlüsselstellen

Rache oder Vergebung? Kohlhaas' Disput mit Luther (S. 43–48)
Das Streitgespräch zwischen Michael Kohlhaas und Martin Luther, das wegen der nahezu durchgehenden Wiedergabe in wörtlicher Rede besonders dynamisch wirkt, stellt den längsten Dialog der Novelle dar. Es führt eine entscheidende **Wende im Handlungsverlauf** herbei, da Luther daraufhin Kohlhaas freies Geleit nach Dresden verschafft. Ihre maßgebliche Bedeutung bezieht die Szene allerdings eher daraus, dass Kohlhaas darin ausführlich die **Beweggründe** für sein Handeln erläutert.

Ebenso wenig wie Kleists Kohlhaas mit dem realen Kohlhase in eins gesetzt werden kann, ist der Martin Luther der Novelle ein authentisches Abbild des berühmten Begründers des Protestantismus, der jahrelang in Wittenberg lebte. Aber die Begegnung zwischen den beiden fiktiven Gestalten erhält zusätzliches Gewicht durch das **Hintergrundwissen** der Leserinnen und Leser über den historischen Einfluss des Reformators.

Martin Luther. Zeichnung von Lukas Cranach dem Älteren, um 1533

Bemerkenswert ist an dem nächtlichen Zusammentreffen in Wittenberg zunächst, dass Kohlhaas, der als Anhänger Luthers auf dessen mahnendes Plakat stark erschüttert reagierte, sich dem Reformator in einer zweideutigen Haltung nähert. Sie zeugt nicht von Schuldbewusstsein, sondern von einer eigentümlichen Mischung aus **Arroganz und Hochachtung**:

Einerseits erpresst Kohlhaas nämlich – obwohl ihn Luthers

Plakat, wenn auch im übertragenen Sinn, „plötzlich zu entwaffnen“ vermochte – dreist und geschickt „mit einem Paar Pistolen“ (S. 43) ein Gespräch. Andererseits verhält er sich „ehrerbietig“, indem er seinen Hut in der Hand hält und die Anrede „Hochwürdiger Herr“ (S. 43) benutzt. Dieselbe Verbindung von **Bescheidenheit und Geltungsbedürfnis** kommt zum Ausdruck, als Kohlhaas sich mit den „Engeln, deren Psalmen Ihr aufschreibt“ (S. 43), vergleicht, um Luther zu beruhigen, der ihn mit dem Ausruf „weiche fern hinweg!“ (S. 43) und durch die Behauptung, der Atem von Kohlhaas sei die Pest, als Teufel einstuft. Denn das Wort „Engel“, mit der Kohlhaas seine Friedfertigkeit beteuert, erinnert an sein gewaltvolles Aufbegehren: In seinem letzten Mandat nannte er sich blasphemisch (gotteslästerlich) „Statthalter Michaels, des Erzengels“ (S. 39).

Das **Interaktionsmuster**, das zu Beginn wirksam wird, ist aufschlussreich, weil es die gesamte Begegnung prägt: Kohlhaas ist durchgängig überzeugt, dass Luther ihn falsch einschätzt, und pariert dessen Vorwürfe so uneinsichtig und forsch, dass der Theologe häufig in die Defensive gerät, obwohl er die Rolle des Anklägers innehat. Bezeichnend für die Argumentationsweise von Kohlhaas ist auch seine Antwort auf Luthers Frage, was er von ihm wolle:

> *Eure Meinung von mir, dass ich ein ungerechter Mann sei, widerlegen! Ihr habt mir in Eurem Plakat gesagt, dass meine Obrigkeit von meiner Sache nichts weiß: wohlan, verschafft mir freies Geleit, so gehe ich nach Dresden, und lege sie ihr vor. (S. 43)*

Selbstgerecht wendet Kohlhaas somit die zentrale Anschuldigung Luthers in eine **trotzige Forderung**: Der Rosshändler will Luther gern glauben, der sächsische Kurfürst selbst sei über seine Streitsache gar nicht informiert gewesen, weil er diese neue Lage als Chance begreift, dem Junker doch noch juristisch beizukommen. Kohlhaas zieht nicht die Konsequenz, seine angebliche Voreiligkeit zu bedauern und die Angelegenheit nun auf sich beruhen zu lassen. Stattdessen streitet er seine Verantwortung ab, indem er sich selbst **als Opfer** präsentiert: Die Resolution des Dresdner Tribunals habe ihn „getäuscht" und „verführt" – und also förmlich zu der Annahme gezwungen, er sei mit Billigung des Landesherrn aus der „Gemeinheit der Menschen", gegen die er deshalb „Krieg" führe, „verstoßen" worden (S. 44).

Sowohl das Wort „Krieg" als auch das Wort „Gemeinheit", das seit dem 17. Jahrhundert nicht nur „Gemeinschaft", sondern auch „Niederträchtigkeit" bedeutet, signalisieren, dass dem Rosshändler die Wertschätzung, die er der Allgemeinheit anfänglich entgegenbrachte, verloren gegangen ist. Sein ursprüngliches Anliegen war es ja, auch „seinen Mitbürgern" (S. 11) zuliebe den Junker in die Schranken zu weisen. Auffälligerweise bezieht sich Kohlhaas Luther gegenüber kein einziges Mal zu seiner Verteidigung auf dieses hehre Anliegen. Das Motiv für seinen Widerstand hat sich nun offenbar ganz auf die **Vergeltung seiner persönlichen Kränkung** reduziert. Trotzdem begreift er sich weiterhin als gerechter Kämpfer gegen die Ungerechtigkeit in der Welt.

Diese Selbsteinschätzung gründet darauf, dass Kohlhaas **Selbsthilfe** und damit auch den **Widerstand** gegen die Obrigkeit prinzipiell für legitim hält, falls diese es versäumt, Rechtsbrüche zu ahnden – weil sie so dem Einzelnen den lebensnotwendigen „Schutz der Gesetze versagt" (S. 44). Der dadurch aus der Gemeinschaft Verstoßene greift gleichsam aus Notwehr zur Waffe:

> *Denn dieses Schutzes, zum Gedeihen meines friedlichen Gewerbes, bedarf ich; ja, er ist es, dessenhalb ich mich, mit dem Kreis dessen, was ich erworben, in diese Gemeinschaft flüchte; und wer mir ihn versagt, der stößt mich zu den Wilden der Einöde hinaus; er gibt mir, wie wollt Ihr das leugnen, die Keule, die mich selbst schützt, in die Hand. (S. 44)*

Als Bürger eines Staates zu leben ist damit definiert als frei wählbarer Schritt aus einer barbarischen in eine zivilisiertere Daseinsform – ein Schritt, der aber nur dann für den Einzelnen zweckmäßig sei, wenn als Gegenleistung sein Eigentum und sein Gewerbe – und damit seine Existenzgrundlage – geschützt werden. Denn Kohlhaas vermag nur dann als Rosshändler zu existieren, wenn niemand ihm ungestraft illegale Einfuhrbeschränkungen auferlegen kann.

Luther hingegen bestreitet, dass ein Staatsbürger unter bestimmten Bedingungen das Recht selbst in die Hand nehmen und sich so in Opposition zur Obrigkeit begeben darf: Er verurteilt die Idee, aus einer staatlichen Gemeinschaft verstoßen werden zu können, als eine „Raserei der Gedanken" (S. 44) und wirft Kohlhaas vor, sich eine Richterposition anzumaßen: Kein Mensch, sondern allein Gott dürfe den **Landesherrn** „zur Rechenschaft ziehen" (S. 44) – was bedeutet, dass dieser **über den gegebenen Gesetzen** steht und nur einem höheren Recht verpflichtet ist.

Da ein Herrscher mit solchen Machtbefugnissen letztlich der Kontrolle des Volkes entzogen ist, sind die Untertanen im Hinblick auf eine korrekte Amtsführung auf die persönliche Integrität des Fürsten angewiesen. Vor diesem Hintergrund erscheint die Versicherung Luthers, sein Landesherr sei weder über Kohlhaas' Streitsache noch über die Korruptheit seiner Staatsdiener unterrichtet, weniger als faktisches Wissen oder gar Naivität, sondern eher als ideologisch bedingte Annahme.

Während das von Luther propagierte Verhältnis zwischen Individuum und Staat erkennbar die Gefahr eines Machtmissbrauchs birgt, ist die Selbsthilfe, die Kohlhaas verteidigt, dadurch diskreditiert, dass sie neues Unrecht bewirkt. Der Rosshändler ist blind dafür, dass er mit herbeiführt, was zu beseitigen er beabsichtigte: Als Luther von den „Summen zu Tausenden" spricht, die Kohlhaas „bei Juden und Christen, auf Wechseln und Pfändern“ zur Bestreitung seiner „wilden Selbstrache, aufgenommen“ habe (S. 45), spielt er darauf an, dass Kohlhaas unbeteiligten Opfern Leid zugefügt hat. Kohlhaas versteht Luthers Bemerkung jedoch ausschließlich so, als ginge es bei den „Summen zu Tausenden“ um Schulden, die ihn selbst schädigten. Kohlhaas ist nicht bewusst, dass er durch seinen Rachefeldzug **seine moralische Integrität aufs Spiel gesetzt** hat.

Daher entspricht auch seine akribische Auflistung dessen, wofür er nun in Dresden Schadensersatz verlangen will (S. 45), im Wesentlichen dem, was er von Anfang an forderte. Luther nimmt die darin liegende **Selbstgerechtigkeit** wahr, wie sein Ausruf „rasender, unbegreiflicher und entsetzlicher Mensch!“ (S. 45) bezeugt; so äußert er sich betont verachtungsvoll, denn er belegt den Rosshändler damit zum dritten und letzten Mal in diesem Gespräch mit dem Attribut „entsetzlich“.

Selbst wegen des Todes seiner Frau, den er indirekt mitverschuldet hat, vermag Kohlhaas **keine Reue** zu empfinden. Auf die Frage Luthers, ob er letztlich nicht besser daran getan hätte, dem Junker zu vergeben und seine Rappen einfach von der Tronkenburg abzuholen, antwortet Kohlhaas:

> *kann sein! indem er ans Fenster trat: kann sein, auch nicht! Hätte ich gewusst, dass ich sie mit Blut aus dem Herzen meiner lieben Frau würde auf die Beine bringen müssen: kann sein, ich hätte getan, wie Ihr gesagt, hochwürdiger Herr, und einen Scheffel Hafer nicht gescheut! (S. 46)*

Kohlhaas gerät zwar für einen Moment ins Nachdenken, aber er geht nicht so weit, tatsächlich einzuräumen, dass der von ihm eingeschlagene Weg falsch war – was zeigt, dass ihm für seine Genugtuung letztlich **kein Preis zu hoch** ist. Statt zur Umkehr bewegt ihn der Tod seiner Frau sogar dazu, seinen Kampf gegen den Junker umso unnachgiebiger weiterzuführen: „es hat mich meine Frau gekostet; Kohlhaas will der Welt zeigen, dass sie in keinem ungerechten Handel umgekommen ist.“ (S. 45)

Wie sein Insistieren auf einer gerichtlichen Bestrafung des Junkers verdeutlicht, hat Kohlhaas den Weg der Rache nur notgedrungen eingeschlagen – nachdem der Staat gegen seine eigenen Prinzipien verstieß. Nach wie vor **will** Kohlhaas **seinen Standpunkt öffentlich gerechtfertigt** sehen. Deshalb ist er auch bereit, allen zu vergeben, die ihn möglicherweise „in dieser Sache gekränkt haben" – außer dem Junker: „der Herr auch vergab allen seinen Feinden nicht" (S. 47). Kohlhaas nimmt für seinen Mangel an Reue sogar in Kauf, dass Luther ihm das Bußsakrament verweigert.

Kohlhaas wirkt im Streitgespräch mit Luther verbohrt: wie ein Mann mit einem starren Rechtsgefühl, der für sein Ziel, das ihm zu **fixen Idee** wurde, über Leichen geht. Gleichzeitig wird aber auch die fragwürdige **politische Dimension** der Vergebung erkennbar, die Luther zur Christenpflicht erklärt: In strukturell hierarchischen Beziehungen wie der zwischen Kohlhaas und dem Junker würden die bestehenden Machtverhältnisse stabilisiert, wenn jene, die nicht den privilegierten Ständen angehören, umstandslos bereit wären, Ungerechtigkeit hinzunehmen. Luthers Plädoyer für Vergebung, das letztlich den Stärkeren hilft, erscheint daher ebenso problematisch wie der Rachefeldzug von Kohlhaas, bei dem den Schwachen, nämlich dem Volk, Leid zugefügt wird.

Im Verlauf des Disputs findet **keine Annäherung** der gegensätzlichen Standpunkte statt. Das Gespräch endet, wie es begonnen hat: in einer feindseligen, unversöhnlichen Atmosphäre. Sowohl vor als auch nach dem Gespräch nimmt Luther Kohlhaas bezeichnenderweise als „fremden" Mann (S. 43, 47) wahr. Wie Luther mit der Verweigerung des Bußsakraments demonstriert, gründet sein Entschluss, sich beim sächsischen Kurfürsten für Kohlhaas einzusetzen, auf keinem Einverständnis mit dessen Vorgehensweise, sondern ist pragmatisch bedingt: Er will den Rosshändler daran hindern, weiteren Schaden anzurichten.

Rechtsuche als Prinzipienreiterei: Die Inspektion der Rappen (S. 58–64)

Aus dem Tumult auf dem Dresdner Schlossplatz, zu dem die Begutachtung von Kohlhaas' Rappen führt, ergeben sich für den weiteren Handlungsverlauf **zwei einschneidende Effekte**, die zunächst wenig plausibel scheinen:

Aus der „allgemeinen Unzufriedenheit, die wegen der Unziemlichkeiten des Kämmerers im Lande herrschte" (S. 52), wird eine „höchst **gefährliche Stimmung im Lande**" (S. 64), sodass allgemein befürwortet wird, Kohlhaas sein Recht doch zu verweigern. Außerdem wird der **„Wille" des Rosshändlers** durch den Vorfall „in der Tat **gebrochen**", sodass er erstmals bereit wäre, dem Junker „entgegenzukommen" (S. 65). Aber wäre es nicht – angesichts des überheblichen Verhaltens der Adeligen auf dem Schlossplatz – näher liegend, wenn das Volk weiterhin mit Kohlhaas sympathisierte und ihn als Verfolger der „Volksbedrücker" (S. 53) wahrnähme? Und warum hat Kohlhaas eigentlich der elende Zustand seiner Pferde nicht in seiner Empörung und Beharrlichkeit bestärkt?

Im Mittelpunkt der Szene steht die **Konfrontation zwischen Adel und Volk**, die sich zu einem Handgemenge zuspitzt und sukzessive die Autorität des Kämmerers untergräbt. Der Junker spielt auf dem Schlossplatz nur eine Nebenrolle, denn im Unterschied zu seinem Vetter hält er sich verlegen im Hintergrund und beweist damit ein weiteres Mal seine Feigheit.

Entscheidend beteiligt an der Demontage des Kämmerers ist die amorphe (formlose) **Zuschauermenge**: der „von Augenblick zu Augenblick sich vergrößernde[] Haufen von Menschen" (S. 58), der „Haufen des Volks" (S. 60) oder die „Menge von Menschen" (S. 61). Bei der Ankunft auf dem Schlossplatz sehen sich Kunz und Wenzel von Tronka mit einer **Ausgelassenheit** konfrontiert, die sich noch nicht gegen die beiden Ritter richtet: Die anwesenden Angehörigen des Volks amüsieren sich „unter unendlichem Gelächter einander zurufend“ (S. 58) über die jämmerliche Verfassung der berühmten Pferde. Bald darauf zieht aber der Kämmerer den **Spott** auf sich: Er ist „von den Blicken der hohnlachenden Menge umstellt“ (S. 59), und „das Gesindel“ scheint nur auf „seine Entfernung zu warten“, um vor Lachen „loszuplatzen“ (S. 60). Schließlich, auf dem Höhepunkt der Ausschreitungen, wird der Kämmerer Objekt einer nicht näher beschriebenen körperlichen **Gewalt** des Volkes: Er ist „der ganzen Wut der Menge preisgegeben“ (S. 64).

Die zunehmend aggressiven Reaktionen der versammelten Zuschauer bilden den Hintergrund für die **Interaktionen** des Kämmerers **mit Einzelpersonen** aus dem Volk. Als individueller Gegenspieler des Kämmerers tritt zunächst der **Abdecker** auf, der sich in der damaligen Gesellschaft wegen seines verachteten Berufs im sozialen Abseits befindet, sodass bereits der Kontakt mit ihm einer Demütigung des Kämmerers gleichkommt. Situationskomik entsteht daraus, dass die Überheblichkeit des Kämmerers an der stoischen Respektlosigkeit des Abdeckers abprallt. Ohne sich namentlich vorzustellen, nähert sich der Kämmerer dem Abdecker und präsentiert ihm die Zeichen seines adeligen Standes, indem er „seinen Mantel, Orden und Kette entblößend, zurückschlug“ (S. 58) – vergeblich, denn dieser sieht ihn nicht einmal an, sondern betreibt weiter unbekümmert seine Geschäfte. Im Gegensatz zum Kämmerer, der sich durch die Eloquenz (Redegewandtheit), mit der er komplizierte Fragen zur Herkunft der Rappen stellt, als Vertreter einer geistigen Elite ausweist, verbreitet der Abdecker eine Aura plumper Körperlichkeit: Er tränkt einen „dicken, wohlbeleibten Gaul“, streift ihm das „Gebiss aus dem Maul“, steht „mit gespreizten Beinen“ da, zieht sich „die Hosen in die Höhe“ und folgt, ohne auf den Kämmerer Rücksicht zu nehmen, seinen physischen Bedürfnissen, indem er ungeniert an seinen Wagen uriniert (S. 59) oder, „hungrig wie er war“ (S. 60), in eine Kneipe frühstücken geht.

Der Kämmerer reagiert auf dieses respektlose Gebaren einigermaßen desorientiert:

> *so trat der Kämmerer, Vater und Mutter, die ihn geboren, verfluchend, indem er sich den Mantel zurückschlug, gänzlich unwissend, was er zu tun oder zu lassen habe, aus dem Haufen des Volks zurück. (S. 60)*

Die Gebärde des Mantelzurückschlagens, deren der Kämmerer sich bereits zuvor bediente, um die Insignien Orden und Kette zu entblößen, wirkt hier mechanisch und hilflos. Die Selbstsicherheit des Kämmerers schwindet nicht allein deshalb, weil er die Identität der Rappen nicht zu ermitteln vermochte, sondern auch, weil seine **Kommunikationsstrategien scheitern**, wenn sein Gegenüber Standesunterschiede ignoriert. Dies wird indirekt durch seine gelingende kurze Interaktion mit Kohlhaas bestätigt, dem die Insignien der Macht automatisch Respekt abverlangen: Er reagiert auf das Schwert, das der ihm persönlich unbekannte Kämmerer „mit Stolz und Ansehen" (S. 61) demonstrativ unter dem Arm hält, ganz selbstverständlich mit einer „bescheidenen Wendung" (S. 62).

Der Auftritt von Kohlhaas fungiert jedoch lediglich als Aufschub der Eskalation, denn letztlich wird der Kämmerer, wie bereits erwähnt, nicht nur ignoriert, sondern attackiert – was allerdings eine Reaktion auf ein **doppeltes Fehlverhalten** seinerseits darstellt. Zum einen erteilt er seinem Knecht einen Befehl, der dessen Ansehen gefährdet: Die Pferde, die er wegführen soll, gelten als ehrlos und unberührbar, da sie sich zuletzt in der Obhut des Abdeckers befanden. Zum anderen misshandelt der Kämmerer den Knecht, als dieser sich dem Befehl verweigert: Er behandelt ihn wie einen Leibeigenen, als er ihn „mit wütenden Hieben der Klinge augenblicklich vom Platz weg und aus seinen Diensten" jagt (S. 63). Indem Meister Himboldt, der „Vetter" des Knechts (S. 62), dem Kämmerer daraufhin „Mantel, Kragen und Helm" (S. 63) abreißt und ihm das Schwert entwindet, wird dieser eines Großteils seiner Insignien beraubt und somit zugleich erniedrigt und entwaffnet, was ihn angreifbar macht. Zu beobachten ist hier, wie der Adel – entgegen der gesellschaftlich verankerten Hierarchie – situativ in die Defensive gerät.

Außerhalb seiner eigenen Sphäre, wo er als treuer Berater des Kurfürsten agiert, gibt der Kämmerer folglich eine lächerliche, aber auch eine bemitleidenswerte Figur ab. Denn es erscheint zwar befriedigend, dass der Kämmerer – wie vor ihm bereits der Junker – nun persönlich davon betroffen ist, dass er Kohlhaas Unrecht zufügte. Aber gleichzeitig stellt sich auch ein gewisses Unbehagen über die ihm zugefügte Gewalt ein, wenn vom „unglücklichen mit Blut bedeckten Kämmerer“ (S. 64) die Rede ist.

Gleichwohl erfüllen die Ereignisse auf dem Schlossplatz die Funktion, **staatliche Verhältnisse anzuprangern**, die nicht jeden Menschen gleichermaßen als Rechtssubjekt anerkennen: Denn bezeichnenderweise landet Meister Himboldt am Ende im Gefängnis, wohingegen der Kämmerer für seinen Anteil an den Ausschreitungen nicht belangt wird. Das **Militär** wird hinzugezogen, um die innere Sicherheit wiederherzustellen: Die Trabanten (Soldaten der Leibwache) und Landsknechte unterstehen der Verfügungsgewalt der privilegierten Adeligen und greifen nur zu deren Schutz und Unterstützung ein. Es gibt auch **keine unabhängige Exekutive**: Die „Polizei“ (S. 64) mischt sich lediglich insofern ein, als sie die zurückgelassenen Pferde, die zum öffentlichen Ärgernis zu werden drohen, wegschafft. Auch der zusammenfassende Kommentar des Erzählers unterstreicht – mit den Mitteln der Ironie – die Kritik an der Vormachtstellung der Aristokratie: „Einen so heillosen Ausgang nahm der wohlgemeinte und redliche Versuch, dem Rosshändler wegen des Unrechts, das man ihm zugefügt, Genugtuung zu verschaffen.“ (S. 64) Diese Feststellung reizt zum Widerspruch, denn das Verhalten der Ritter belegt eher den Versuch, sich möglichst schnell aus der Affäre zu ziehen, als ein Bemühen um Kohlhaas.

Ein Indiz für diese arrogante Haltung ist nicht nur, dass der Kämmerer auf dem Schlossplatz mit Kohlhaas distanziert und gleichsam anonym interagiert – er stellt sich auch ihm nicht vor –, sondern auch das Auftreten des Freiherrn von Wenk: Gegenüber dem Grafen Wrede äußert er die Bitte, Kohlhaas „durch eine Wache aus seinem Hause abholen und auf den Markt, wo die Pferde stehen, hinführen zu lassen“ (S. 61). Damit behandelt er den Rosshändler **wie einen Gefangenen**, obwohl ihm Amnestie zugesichert wurde und der Junker sich in der Rolle des Angeklagten befindet. Ebenso wie der Kämmerer und der Junker wird hier auch der Freiherr – der später gegenüber Kohlhaas den Bruch der Amnestie ausspricht (S. 76) – negativ charakterisiert: Seine Einstellung wird als **von Standesinteressen geprägte Voreingenommenheit** entlarvt.

Kohlhaas verhält sich bei alledem äußerst **kooperativ**: Bereitwillig folgt er dem Freiherrn auf den Schlossplatz, obwohl er dazu nicht verpflichtet wäre, und agiert dort sehr zurückhaltend. Warum also bricht dieser „Vorfall, so wenig der Rosshändler ihn in der Tat verschuldet hatte“ (S. 64), seinen Willen und nimmt das Volk gegen ihn ein? Diese bereits erwähnten Effekte werden im Text nicht erklärt. Angesichts der sich so ergebenden Leerstelle sind die Leserinnen und Leser aufgefordert, zu einer eigenen Einschätzung dieser Zusammenhänge zu kommen.

Für den überraschenden Meinungswandel des Volkes bieten die beiden Rappen einen Anhaltspunkt: Anfänglich ist das Volk über deren ehrlosen Status belustigt, weil er in einer grotesken Diskrepanz zu der Tatsache steht, dass um ihretwillen „der Staat wanke“ (S. 58). Nach dem Aufruhr ist das Volk überzeugt, dass Kohlhaas „in einer so nichtigen Sache, zur bloßen Befriedigung seines rasenden Starrsinns“ um sein Recht streitet und deshalb lieber „ein offenbares Unrecht“ (S. 64) an ihm verübt werden sollte. Der Anblick der völlig heruntergekommenen Rappen führt dem Volk die Unverhältnismäßigkeit zwischen Anlass und

Folgen vor Augen: Die Rechtsuche von Kohlhaas erscheint nun als inhumane **Prinzipienreiterei**. Die zweimal erwähnte „Mistpfütze“ (S. 62), die von seinen Pferden produziert wird, verweist satirisch auf den Ärger, den diese Tiere ständig verursachen. Und dass die Rappen nach dem Aufruhr einfach zurückgelassen werden, was ihren Tod hätte bedeuten können, symbolisiert, auf welchen neuen Tiefpunkt die Anerkennung von Kohlhaas als Rechtssubjekt gesunken ist.

Doch warum ist der Wille des Rosshändlers nach dem Vorfall auf dem Schlossplatz gebrochen? Hat ihm der Anblick der Pferde, deren Wiederherstellung illusorisch wie nie scheint, bewusst gemacht, wie aussichtslos seine Schadensersatzforderungen sind? Oder hat ihn angesichts seiner Rappen **Reue** über die Verbrechen ergriffen, die sie auslösten? Oder vermochte eher der Aufruhr, der ein weiteres Mal die Parteilichkeit des Staates für den Adel offenbarte, Kohlhaas zu **entmutigen**? Der Text enthält keine eindeutige Antwort und regt so die Diskussion über diese Fragen an – was sich auch darin manifestiert, dass der Erzähler die Empfindungen des Rosshändlers systematisch verschleiert: „Kohlhaas, der mit keiner Miene, was in seiner Seele vorging, zu erkennen gab“ (S. 61), heißt es zum Beispiel. Letztlich wirft die Abdeckerszene jedoch insofern ein **positives Licht** auf den Rosshändler, als er sich – warum auch immer – erschüttern lässt und zum ersten Mal zu einer „Vergebung alles Geschehenen“ (S. 65) bereit ist.

Statuierung eines Exempels: Kohlhaas’ Hinrichtung (S. 106–109)

In der Schlussszene, die das Schicksal von Kohlhaas besiegelt, verschränken sich effektvoll die moralischen und rechtsphilosophischen Dimensionen der Erzählung – was deren Komplexität zusätzlich steigert und zudem die Frage aufwirft, wie der Sinngehalt vom Ende her zu deuten ist. Für eine differenzierte Analyse der Hinrichtung bietet es sich an, **drei Ebenen** auseinanderzuhalten, die sich schließlich überlagern: den Bescheid des Dresdner Hofgerichts, das kaiserliche Todesurteil und den Racheakt von Kohlhaas.

Als Kohlhaas auf dem Richtplatz in Berlin gewahr wird, dass seine Klage im Auftrag des brandenburgischen Kurfürsten „Punkt für Punkt, und ohne die mindeste Einschränkung gegen den Junker Wenzel von Tronka, durchgesetzt" (S. 107) wurde, versetzt ihn dies in eine **glückliche, dankbare Stimmung**: Mit „großen, funkelnden Augen" liest er das entsprechende „Konklusum" (S. 107), den **Dresdner Bescheid**. Vor allem beeindruckt ihn die Gefängnisstrafe für den Junker: Nachdem er davon erfahren hat, kniet er „ganz überwältigt von Gefühlen, mit kreuzweis auf die Brust gelegten Händen, vor dem Kurfürsten nieder" (S. 108). Diese Demutsgeste signalisiert, dass Kohlhaas sich wieder der Staatsmacht unterwirft.

Greifbarer Ausdruck dessen, dass die von Kohlhaas erhobenen Schadensersatzforderungen erfüllt wurden, sind insbesondere die beiden „von Wohlsein glänzenden" Rappen (S. 107), die überraschenderweise wieder aufgepeppelt werden konnten. Nun, da die **Pferde** genauso wohlgenährt und prächtig sind wie an jenem Tag, als der Junker sie illegalerweise einbehielt, verkörpern sie für Kohlhaas keine Kränkung und Rechtsverletzung mehr, sodass er sie erstmals wieder aus der Nähe zu betrachten und zu berühren vermag: Er „trat an die Pferde heran, musterte sie, und klopfte ihren feisten Hals" (S. 108). Dass Kohlhaas „heiter" (S. 108) erklärt, seinen Söhnen die Pferde schenken zu wollen, illustriert nicht nur deren wiederhergestellten materiellen Wert, sondern auch ihre neue symbolische Bedeutung: Sie fungieren nun als **Inbegriff seines Triumphes** – über den Junker und über die Korruptheit, die diesen schützte. Die großzügige Geste, mit der Kohlhaas die Mutter seines verstorbenen Großknechts Herse materiell versorgt, zeugt ebenfalls von Stolz.

So wie in der Haltung von Kohlhaas Demut und Triumph dicht beieinander liegen, so erweist sich auch die Fürsorglichkeit des brandenburgischen **Kurfürsten** bei näherer Betrachtung als doppelbödig. Nur auf den ersten Blick erwecken die Worte, mit denen er Kohlhaas auf dem Richtplatz empfängt, den Eindruck eines idealen Herrschers:

> *Nun, Kohlhaas, heut ist der Tag, an dem dir dein Recht geschieht! Schau her, hier liefere ich dir alles, was du auf der Tronkenburg gewaltsamer Weise eingebüßt, und was ich, als dein Landesherr, dir wieder zu verschaffen, schuldig war, zurück: [...] Bist du mit mir zufrieden? (S. 107)*

Da Kohlhaas nicht direkt auf diese Frage antwortet, werden die Leserinnen und Leser aufgefordert, sich selbst ein Urteil zu bilden. In seiner Begrüßung **präsentiert sich** der Kurfürst **als verantwortungsbewusstes Staatsoberhaupt**, das es als seine Pflicht ansieht, für das Wohl seiner Bürger Sorge zu tragen. Suggeriert wird, dem Kurfürsten sei an der Anerkennung seiner Fürsorge durch jeden einzelnen seiner Untertanen gelegen.

Im Zusammenspiel mit der Gesamtgestaltung der Hinrichtung erweist sich dieses Auftreten jedoch als geschickte Inszenierung. Nur scheinbar dient die – eher an einen Staatsakt als an eine Hinrichtung erinnernde – Feierlichkeit und choreografische Wohlgeordnetheit der Veranstaltung dazu, Kohlhaas zu ehren. Vielmehr erfüllt deren **Theatralik** den Zweck einer Machtdemonstration, denn die harmonische räumliche Anordnung der Anwesenden spiegelt die gesellschaftlichen Hierarchien wider: Der Kurfürst und sein Gefolge thronen zu Pferd auf einem Hügel, während das Volk sowie Kohlhaas sich unterhalb davon befinden. Dasselbe Prinzip greift, als der Erzkanzler Heinrich von Geusau, während er mit Kohlhaas spricht, „vom Pferde herab mild zu ihm gewandt“ (S. 108) ist, sodass er den Rosshändler im wahrsten Sinn des Wortes von oben herab behandelt. Bemerkenswert ist zudem, dass Kohlhaas nur so weit „von der Wache begleitet, auf den Hügel“ (S. 107) zum Kurfürsten heranschreiten darf, dass er sich „aus der Ferne“ (S. 108) vor ihm niederlassen kann: Eine ehrfurchtgebietende Distanz bleibt gewahrt; mitnichten findet ein Zwiegespräch statt, sondern die an Kohlhaas gerichteten Worte des Kurfürsten sind eigentlich für das Volk, die Öffentlichkeit bestimmt. Folglich zelebrieren sich die Vertreter der adligen Führungsschicht bei der Hinrichtung von Kohlhaas als Repräsentanten der Macht.

Dazu passt, dass der Kurfürst die Gefängnisstrafe des Junkers unerwähnt lässt und Kohlhaas davon nur durch die Lektüre des Dresdner Konklusums erfährt: So erspart der Kurfürst dem Junker eine öffentliche Zurschaustellung von dessen Schuld und schützt auf diese Weise den aristokratischen Stand, dem er selbst angehört.

Vor diesem Hintergrund erscheint auch das eingängige Argument suspekt, mit dem der Kurfürst von Kohlhaas fordert, das **kaiserliche Todesurteil** als Pendant zum Dresdner Konklusum anzuerkennen:

> *„nun, Kohlhaas, der Rosshändler, du, dem solchergestalt Genugtuung geworden, mache dich bereit, kaiserlicher Majestät, deren Anwalt hier steht, wegen des Bruchs ihres Landfriedens, deinerseits Genugtuung zu geben!“ (S. 108)*

Was der Kurfürst verlangt, klingt nach einer sauberen und fairen Lösung, weil die Symmetrie der Formulierung **Ausgewogenheit** verheißt. Hinter dieser **Rhetorik** verbirgt sich jedoch die Tatsache, dass Kohlhaas mit dem Tod bestraft wird, obgleich ihm einst für den Landfriedensbruch Amnestie zugesichert wurde und außerdem der Kurfürst selbst die Möglichkeit gehabt hätte, Kohlhaas zu begnadigen. Bis zum Hinrichtungstag hoffen die Bewohner Berlins für den Rosshändler auf ein „Machtwort, das ihn rettete“ (S. 106); aber der Kurfürst entscheidet sich dagegen, weil er angesichts der „fortdauernden Gewalttätigkeiten des

Nagelschmidt“ von der Notwendigkeit der „**Statuierung eines abschreckenden Beispiels**“ (S. 94) überzeugt ist. Auf Kosten des Rosshändlers soll der Schein von Eintracht und Ordnung wiederhergestellt werden: Dass er „die Welt wegen des allzu raschen Versuchs, sich selbst in ihr Recht verschaffen zu wollen, versöhnen sollte“ (S. 106), ist lediglich ein von der Obrigkeit vorgeschobener Grund für seine nur vermeintlich unumgängliche Hinrichtung. Der wahre Grund liegt jenseits der Vorwürfe, die gegen Kohlhaas erhoben werden – was der Kurfürst auf dem Richtplatz tunlichst verschweigt.

Doch warum reagiert **Kohlhaas** auf die Forderung des Kurfürsten, nun auch Genugtuung zu geben, indem er – ein Zeichen von Entschlossenheit – seinen Hut auf die Erde wirft und energisch antwortet, „dass er bereit dazu wäre!“ (S. 108)? Warum hadert der Rosshändler nicht mit dem Todesurteil, sondern tritt gelassen an den Richtblock? Es gibt weder einen Hinweis darauf, dass er sein Handeln inzwischen bereut und seine Hinrichtung daher als gerechte Strafe empfindet, noch darauf, dass er sich als Märtyrer begreift. Vielmehr scheint er seine **Enthauptung aus zwei Gründen in Kauf zu nehmen**: Zum einen ließ er es sich in der Tat „gefallen“, für seinen Landfriedensbruch trotz Amnestieversprechen zur Rechenschaft gezogen zu werden, da man ihm erklärte, dass ihm dagegen in seiner „**Sache gegen den Junker**“ „völlige Genugtuung widerfahren werde“ (S. 99). Zum anderen aber zieht er Gelassenheit aus seinem Vorhaben, **sich am sächsischen Kurfürsten zu rächen**. Der Zettel mit der Weissagung gilt ihm als „Blatt, durch welches mir für alles, was ich erlitten, auf so wunderbare Weise Genugtuung geworden ist“ (S. 103). Entsprechend nimmt Kohlhaas „auf das äußerste bestürzt“ (S. 106) die warnende Mitteilung zur Kenntnis, dass der Kurfürst plant, die Weissagung aus seinem Grab zu entwenden. Denn dadurch würde sein Plan scheitern, diesem das Amulett für immer zu entziehen.

Verdichtet kommen die beiden genannten Gründe darin zum Ausdruck, dass Kohlhaas nach der Lektüre des Dresdner Konklusums dem Erzkanzler versichert, dass „sein höchster Wunsch auf Erden erfüllt sei“ (S. 108): Vordergründig bezieht diese Aussage sich auf die Streitsache gegen den Junker, aber zugleich deutet die Formulierung auf seine Rachegelüste hin: Er bekannte zuvor leidenschaftlich, dass es „der größeste Wunsch ist, den meine Seele hegt“, den sächsischen Kurfürsten und seine Staatsbeamten zu „vernichten“ (S. 90).

Der **Racheakt** von Kohlhaas am sächsischen Kurfürsten – das endgültige Vernichten des Zettels durch Verschlingen – bildet den **Höhepunkt** der Hinrichtungsszene. Im Vergleich zum Zusammenbruch des Kurfürsten wird die kurz danach erfolgende Enthauptung nur beiläufig erwähnt und wirkt daher geradezu nebensächlich – was illustriert, dass die Missachtung des Lebendigen, die mit Kohlhaas’ Fixierung auf formale Rechtsprinzipien einhergeht, sogar seinen eigenen Tod einschließt.

Die Interaktion zwischen dem Rosshändler und dem sächsischen Kurfürsten kommt einem **Zweikampf** gleich, bei dem Standesschranken außer Kraft gesetzt werden: Denn im Unterschied zu seinem eigenen Landesherrn, mit dem er nur aus der Distanz kommunizieren darf, sieht Kohlhaas den sächsischen Kurfürsten „in geringer Entfernung von sich“ (S. 108) und tritt dann auch noch mit einem „plötzlichen“, bedrohlich anmutenden Schritt „dicht vor ihn“ (S. 109). Dadurch nimmt der Rosshändler, der eigentlich als zum Tode Verurteilter eine passive Rolle innehat, eine **aktive Rolle** ein, während der Kurfürst zum Opfer wird. Auch die **Blickrichtung** illustriert die dominante Position von Kohlhaas: Er richtet „das Auge unverwandt“ auf den Kurfürsten.

Trotz seines eigenen Todes scheint Kohlhaas den Kurfürsten zu besiegen, der „zerrissen an Leib und Seele“ (S. 109) nach Dresden zurückkehrt. Dass dieser dort keine lange **Ahnenreihe** mehr begründen wird – „das Weitere" über das Schicksal dieses Herrschers, heißt es lapidar, müsse man „in der Geschichte nachlesen" (S. 109) –, deutet der Text durch das Wort „aber" an, das einen Gegensatz markiert: „Vom Kohlhaas aber" hätten noch „im vergangenen Jahrhundert [...] einige frohe und rüstige Nachkommen gelebt" (S. 109). Bereits die Kinder von Kohlhaas entwickeln sich vorteilhaft: Seine beiden Söhne werden geadelt. (Über die Zukunft seiner drei Töchter gibt der Text keine Auskunft, was zeigt, dass Frauen im Gegensatz zu Männern für die Begründung einer Genealogie damals irrelevant waren.)

Der Untergang des sächsischen Kurfürsten erscheint als Beleg dafür, dass letztlich doch die Gerechtigkeit siegt. Allerdings darf nicht vergessen werden, dass dieser Landesherr sich ohne die Weissagung der so genannten Zigeunerin problemlos hätte aus der Affäre ziehen können. Es bedurfte eines **Wunders**, um ihn für die Korruption, die er in seinem Staat duldete, zur Verantwortung zu ziehen. Somit werden in Kleists Novelle indirekt gesellschaftliche Verhältnisse kritisiert, in denen die Herrschenden ohne das Eingreifen übernatürlicher Mächte immun gegen Strafverfolgung sind – zumal der Kämmerer und andere korrupte Adelige nicht bestraft werden.

Die Hinrichtung von Kohlhaas erzeugt letztlich – trotz aller Verbrechen des Rosshändlers und trotz der Tatsache, dass er sich auf ganzer Linie Genugtuung zu verschaffen wusste – auch deshalb einen negativen Beigeschmack, weil sie keineswegs unvermeidlich war: Kohlhaas wird dazu benutzt, dem Volk die Wiederherstellung der Ordnung zu suggerieren – einer Ordnung, die mit den Interessen der Herrschenden harmoniert. Droht die Hinrichtung also, um eine Formulierung des Großkanzlers Graf Wrede zu gebrauchen, den „Faden der Freveltaten" „ins Unendliche fortzuspinnen" (S. 49 f.)? Oder ist sie vielmehr, selbst wenn der brandenburgische Kurfürst dadurch ein Exempel statuieren wollte, doch die gerechte Strafe für Kohlhaas' Selbstjustiz?

Das Ende von Kleists Erzählung fordert aufgrund seiner **Vieldeutigkeit** ein letztes Mal dazu auf, für oder gegen Kohlhaas **Partei zu ergreifen** und die Argumente durchzuspielen, die zu seiner Verteidigung oder zu seiner Verurteilung vorgebracht werden können.

Dabei wird angesichts der übersteigerten Kompliziertheit des Falls ersichtlich, dass **Gerechtigkeit** ein Ziel darstellt, das nur schwer zu erreichen ist. Insofern stellt die Hinrichtung von Kohlhaas lediglich einen Moment in einem Prozess des Aufeinandertreffens gegenläufiger gesellschaftlicher Interessen dar, der nie zum Stillstand gelangt.

Die Untertanen als Marionetten der Herrscher? Die Figuren der Novelle als Marionetten des Autors? – „Michael Kohlhaas" als Puppenspiel, inszeniert vom Puppentheater „Theatrium" (Andreas Heinichen und Katrin Krebs) im Bremer „Packhaus"

Rezeption und Wirkungsgeschichte

Heute ist Kleist als bedeutender Schriftsteller anerkannt, wohingegen er im literarischen Leben seiner Zeit eher ein Außenseiter war. Dies erklärt sich vor allem dadurch, dass die Art, wie er **gewaltsame oder erotische Themen** in seinen Werken gestaltete, häufig gesellschaftliche Tabus verletzte. Beispielsweise wurde seine Erzählung *Die Marquise von O...* (1807), deren Titelheldin im Zustand der Bewusstlosigkeit von einem Unbekannten vergewaltigt und daraufhin schwanger wird, damals vielfach als skandalös und anstößig empfunden. Kleist reagierte auf diese Prüderie mit ironischen Epigrammen wie dem folgenden, erschienen 1808 in seiner Zeitschrift *Phöbus:* „Dieser Roman ist nicht für dich, meine Tochter! In Ohnmacht! Schamlose Posse! Sie hielt, weiß ich, die Augen bloß zu."

Im Vergleich dazu erregte die Erzählung *Michael Kohlhaas* (1808/1810) weniger Aufsehen, obwohl auch sie gegen die damaligen ästhetischen Konventionen verstieß. Ein anonymer Rezensent kritisierte das zunächst publizierte Fragment am 5. Dezember 1808 in der Zeitschrift *Der Freimütige* sogar als „langweilig" und „breitgesponnen". Die wenigen überlieferten Urteile der Zeitgenossen sind **überwiegend positiv**; allerdings stammen sie hauptsächlich von jenen Vertretern der romantischen Schule, mit denen Kleist private Beziehungen unterhielt: **Clemens Brentano** etwa lobte 1810 in einem Brief an Wilhelm Grimm – der wie sein älterer Bruder Jacob bis heute vor allem als Herausgeber und Bearbeiter der berühmten *Kinder- und Hausmärchen* (erste Ausgabe 1812) bekannt ist – die Novelle dafür, dass darin „vieles sehr hart, vieles aber ungemein rührend und vortrefflich gedichtet ist"[9]; und **Achim von Arnim** bezeichnete den Text im gleichen Jahr gegenüber demselben Adressaten als „eine treffliche Erzählung, wie es wenige gibt".[10]

Auch die **Brüder Grimm** selbst schätzten die Novelle: Während Wilhelm Grimm sie in einem Brief an Brentano 1811 als „kunstreiche treffliche Schmiedearbeit, die jeder mit großem Vergnügen lesen wird"[11], charakterisierte, pries Jacob Grimm sie in einem Brief aus demselben Jahr als „übermaßen gelungene und lebende Geschichte".[12]

Wenig später schlossen sich die Romantiker **E. T. A. Hoffmann** und **Ludwig Tieck** dem Kreis der Bewunderer des *Michael Kohlhaas* an: Ersterer ließ in den dritten Band seiner *Serapionsbrüder* (1820) den Hinweis einfließen, niemand außer Kleist habe in seiner „vortrefflichen, klassisch gediegenen Erzählung von dem Roßhändler Kohlhaas [...] herrlicher bewiesen", wie „ein Stoff lebendig gestaltet" werden könne,[13] während Letzterer in der Vorrede zu *Heinrich von Kleists hinterlassenen Schriften* (1821) äußerte, man sei versucht zu glauben, dass der Verfasser „hier sein Talent noch glänzender entfalten könne als im Drama". Allerdings bemängelte Tieck zugleich die „phantastische Traumwelt", die Kleist mit seiner Zigeunerin-Episode in den Text eingeführt hat, weil sie ihm als Zugeständnis an die „gewöhnten Bedürfnisse der Lesewelt" erschien.[14]

Die **wirkmächtigste zeitgenössische Einschätzung** der Novelle – und zugleich die schärfste **Kritik** – formulierte aber angeblich **Goethe**; Johannes Falk, der mit ihm 1810 darüber ein Gespräch führte, gibt dessen Urteil folgendermaßen wieder: „Auch in seinem *Kohlhaas,* artig erzählt und geistreich zusammengestellt, wie er sei, komme doch alles gar zu ungefüg. Es gehöre ein großer Geist des Widerspruches dazu, um einen so einzelnen Fall mit so durchgeführter, gründlicher Hypochondrie im Weltlaufe geltend zu machen."[15] Diese Einschätzung ist vor allem deshalb abwertend, weil sie Kleist – und damit auch sein Schaffen – für krankhaft erklärt. Aus ebendiesem Grund, schrieb

Thomas Mann am 17. Februar 1910 an seinen Bruder Heinrich, sei er nach der Lektüre von *Michael Kohlhaas* „wütend auf Goethe“ gewesen.

Inwieweit Goethes Meinung dazu beigetragen hat, dass ein intensives Interesse an Kleists Werk erst zum Ende des 19. Jahrhunderts einsetzte, bleibt Spekulation. Jedenfalls ist sie beispielhaft für eine psychologisierende Herangehensweise, die Kleist bis ins 20. Jahrhundert hinein als Dichter der Todessehnsucht und des Weltschmerzes mystifizierte: Werk und Dichter wurden in eins gesetzt, und die Kleist-Verehrung konzentrierte sich auf die Person des Dichters.

Die überlieferten Urteile anderer Schriftsteller hingegen sind meist geprägt von einem Überschwang, der ohne solche Mystifikationen auskommt – selbst wenn auch hier die Biografie Kleists eine wichtige Rolle spielt. Als Paradebeispiel kann das **ironisch gebrochene Pathos Heinrich Heines** gelten, dessen Äußerung in einem Brief an Moses Moser bereits eingangs zitiert worden ist (vgl. *Interpretationshilfe* S. 1).

Auch viele andere berühmte deutsche Schriftsteller hat Kleists Novelle beeindruckt. **Friedrich Hebbel** etwa behauptete 1835 in seinem Aufsatz *Über Theodor Körner und Heinrich von Kleist,* dass „in keiner deutschen Erzählung die gräßliche Tiefe des Lebens in der Fläche auf so lebendige Weise hervortritt wie in dieser“.[16] **Theodor Fontane** fand die Novelle 1872 zwar bis zur Mitte „vollendet“ und „ganz ausgezeichnet“, „in ihrer zweiten Hälfte aber sinkt die Kohlhaas-Erzählung zu etwas relativ Unbedeutendem herab“; er stieß sich nämlich, wie zuvor schon Tieck, an der Zigeunerin-Episode, die er als „Abbrennen des herkömmlichen romantischen Feuerwerks, ohne irgendeine neu eingelegte Pièce,“ rügte. Letztlich überwog jedoch die Bewunderung: „Aber wenn diese zweite Hälfte auch abschwächend, verdünnend wirkt, so wirkt sie doch durchaus nicht so störend; nichts geschieht, was, mit rückwirkender Kraft, die Wirkung dieses Charakters auf uns schädigte. Kohlhaas bleibt Kohlhaas bis zuletzt".[17] **Franz Kafka** wiederum bemängelte in einem Brief an Felice Bauer aus dem Februar des Jahres 1913 das Ende der Novelle, die er ansonsten jedoch so schätzte, dass er des Öfteren, wie Max Brod in seiner Autobiografie *Streitbares Leben* (1960) schreibt, daraus vorlas: „Dies ist eine Geschichte, die ich mit wirklicher Gottesfurcht lese, ein Staunen faßt mich über das andere, wäre nicht der schwächere, teilweise grob hinuntergeschriebene Schluß, es wäre etwas Vollkommenes".[18] Thomas Mann sprach in seinem Aufsatz *Kleist und seine Erzählungen* (1954), einem Vorwort zu einer US-amerikanischen Ausgabe von Kleists Novellen, von *Michael Kohlhaas* als von der „vielleicht stärksten Erzählung deutscher Sprache" und gab, unter dem Eindruck seiner Exilerfahrung und des unaufgearbeiteten Faschismus, Folgendes zu bedenken: Die Novelle „ist, dünkt mich, nicht ganz unzeitgemäß und hat etwas von weckendem Aufruf in einem historischen Augenblick, wo Rechtsstumpfheit, Verhärtung gegen das Unrecht, die schlaffe Geste des ‚That's one of those things' sich über die Welt zu verbreiten scheinen."[19]

In dieser Bemerkung klingt an, was als das hervorstechendste Merkmal der Rezeption von *Michael Kohlhaas* gelten kann: das besonders breite **Spektrum der politisch-ideologischen Vereinnahmung**. Denn der Protagonist der Novelle wurde im Laufe der Wirkungsgeschichte als Leitfigur von Linken und Rechten gleichermaßen entkontextualisiert und für ihre politischen Interessen funktionalisiert: Im **Wilhelminischen Kaiserreich** beziehungsweise während des Ersten Weltkriegs (1914–1918) wurde Kohlhaas von Nationalisten als preußischer Held gefeiert, den eine typisch deutsche, kämpferische Unbeugsamkeit auszeichne. Die Linke der **Weimarer Republik** hingegen stilisierte den Rosshändler wegen seines Aufbegehrens gegen die korrupte, aristokratische Obrigkeit zum proletarischen Vorläufer der Arbeiterbewegung und Kleist selbst als Rebellen – so etwa der

Kleistforscher Wilhelm Herzog, der in seinem Artikel in der *Roten Fahne* vom 16. Oktober 1927 Kleist, dessen adeliger Herkunft zum Trotz, als Anarchisten charakterisierte und feststellte, in der Novelle unterliege „der im ethischen Sinne Höherstehende den Gesetzen der herrschenden Klasse".[20] Eine ähnliche Stoßrichtung wohnte der Kampfschrift *Kunst ist Waffe!* (1928) inne, deren Verfasser Friedrich Wolf die Titelfigur der Novelle als revolutionäre Gestalt aus dem einfachen Volk, als „Typ des ‚gemeinen Mannes'", begriff, der „ein Gerechtigkeitskämpfer, ein Vorkämpfer einer kommenden Zeit" geworden sei.[21]

Auch der **Nationalsozialismus** versuchte, den Text für seine Zwecke einzuspannen; die Germanistik des „Dritten Reichs" missbrauchte ihn als Verherrlichung des Faschismus: Michael Kohlhaas wurde als Verkörperung eines germanischen Rechtsgefühls gedeutet, das sich nun als Unterwerfung des Einzelnen unter den NS-Staat zu erfüllen habe. Daher ist es nicht erstaunlich, dass der Franzose Jean Cassou in seinem Aufsatz *Kleist et le somnambulisme tragique* (1937) die Kohlhaas-Figur kritisiert, indem er Parallelen zu Hitlers Persönlichkeit zieht: „Scheußliche Übersteigerung von Minderwertigkeitskomplexen, keinerlei begründete Ansprüche, aber Freude daran, Ansprüche um der Ansprüche willen zu erheben, Menschen- und Götterdämmerung, Verherrlichung einer kosmischen Sintflut: der ganze Hitler ist da."[22]

In der **Nachkriegszeit** ging die Kulturpolitik der **DDR** zunächst eher auf Distanz zu Kleist: zum einen, weil man ihm im Nationalsozialismus so sehr gehuldigt hatte; zum anderen jedoch wegen der adeligen Herkunft des Dichters, die nicht mit der Parteinahme für die Unterdrückten des Feudalismus harmonierte. In der **BRD** dagegen kam es schon in den 1960er Jahren zu einer allmählichen **Kanonisierung** Kleists, das heißt zu einer Anerkennung seiner Erzählungen und Dramen als unverzichtbarem Bestandteil der deutschen Literatur. Gleichzeitig wurde

Kohlhaas außerhalb des literaturwissenschaftlichen Diskurses jenen Intellektuellen, die sich der Studentenbewegung verbunden fühlten, zur **Identifikationsfigur**: Volker Schlöndorffs Film *Michael Kohlhaas – Der Rebell* aus dem Jahr 1969 (vgl. *Interpretationshilfe* S. 43, 50 und 63) leitete eine Phase ein, in welcher der Widerstand von Kohlhaas gegen die Staatsgewalt mit dem **Terrorismus der RAF** in Verbindung gebracht wurde – sei es, um das Vorgehen des Rosshändlers als vorbildlich und legitim selbst in seiner Radikalität zu würdigen oder um es zu verdammen, wie es beispielsweise Horst Sendler, einst Präsident des Bundesverwaltungsgerichts in Berlin, tat. Er diskutierte in seinem Vortrag *Über Michael Kohlhaas – damals und heute,* gehalten am 24. Oktober 1984, die Frage, ob Kleists Figur als Vorläufer der modernen Terroristen gelten kann, und bejahte sie schließlich, indem er einige Gemeinsamkeiten – wie etwa das „Bewußtsein, an rechtliche Grenzen nicht mehr gebunden zu sein“[23] – postulierte. Ausdrücklich wandte sich Sendler dabei gegen den oft zitierten Rechtsgelehrten Rudolf von Ihering, der Michael Kohlhaas in seiner Schrift *Der Kampf ums Recht* (1872) für „seine heroische, alles vergessende und alles opfernde Dahingabe an die Idee des Rechts“ als Märtyrer rühmte.[24]

Zur produktiven Auseinandersetzung hat Kleists Novelle seit dem Ende des 19. Jahrhunderts auch viele Künstler angeregt: Der erwähnte Film Volker Schlöndorffs ist nur die bekannteste von **zahlreichen Bearbeitungen** des Stoffs, zu denen auch der Roman *Ragtime* (1975) des Amerikaners E. L. Doctorow zählt. Darin wird die Problematik auf das Problem des Rassismus bezogen und in die Zeit der Bürgerrechtsbewegung verlagert: Einem Pianisten namens Coalhouse Walker Jr. wird zu Beginn des 20. Jahrhunderts von weißen Feuerwehrleuten unrechtmäßigerweise eine Mautgebühr abverlangt, außerdem wird sein Auto beschädigt. Er stirbt schließlich durch die Kugeln einer Elitepolizeieinheit, die lediglich seinen Abzug überwachen sollte.

Jenseits solcher Adaptionen ist Kleists Protagonist außerhalb der Literaturwissenschaft auch insofern populär, als er zum Inbegriff eines Quertreibers geronnen ist: Innerhalb des alltäglichen Sprachgebrauchs dient der Name Kohlhaas als Synonym für ein Individuum, das sein Recht gegenüber staatlichen Institutionen um jeden Preis durchsetzen will.

Die **Vielfalt der politisch-ideologischen Inanspruchnahme** von Kleists Erzählung ist bemerkenswert – und zwar auch dann, wenn man sich vor Augen hält, dass literarische Texte sich definitionsgemäß durch Doppel- und Mehrdeutigkeit auszeichnen und es einem Beleg für die Güte eines Werks gleichkommt, wenn es immer wieder zu Interpretationen reizt. Kleists *Michael Kohlhaas* eignet sich deshalb besonders gut als **Projektionsfläche** für die verschiedensten Standpunkte, weil die Novelle, wie sich gezeigt hat, ausnehmend viel Widersprüchliches enthält, sodass die **Komplexität des Sinngefüges** nicht auf eine einzige klare Aussage reduzierbar ist.

Personen

Der Kurfürst von Brandenburg
Graf Siegfried von Kallheim, *sein Erzkanzler*
Heinrich von Geusau,
Stadthauptmann von Brandenburg
Der Kastellan des kurfürstlichen Schlosses,
ein Verehrer von Lisbeth Kohlhaas
Michael Kohlhaas, *ein Pferdehändler*
Lisbeth Kohlhaas, *seine Frau*
Leopold und Heinrich, *seine zwei Söhne* (außerdem drei Töchter)
Herse, *sein Großknecht*
Waldmann, Sternbald – *zwei seiner Knechte*
Der Amtmann, *sein Nachbar*
Johann Nagelschmidt, *ein Mitglied seiner Bande*

} Brandenburg

Der Junker Wenzel von Tronka,
neuer Herr auf der Tronkenburg
Der Schlossvogt, Der Verwalter – *zwei seiner Bediensteten*
Die Äbtissin Antonia von Tronka, *seine Tante*
Der Kurfürst von Sachsen
Hinz von Tronka, *sein Mundschenk*
Kunz von Tronka, *sein Kämmerer*
Die Dame Heloise, *Frau des Kämmerers*
Der Landdrost Graf Aloysius von Kallheim, *ihr Vater*
Graf Kallheim, *Präsident der Staatskanzlei*
Graf Wrede, *Großkanzler des Tribunals*

} Sachsen

Der Prinz Christiern von Meißen,
Generalissimus des Reichs
Der Prinz Friedrich von Meißen, *sein Onkel*
Der Freiherr Siegfried von Wenk, *Schlosshauptmann*
Der Jagdjunker vom Stein
Otto von Gorgas,
Landvogt im sächsischen Wittenberg
Meister Himboldt, *ein Dresdner Bürger*
Martin Luther
Der Theologe Jakob Freising, *sein Abgesandter*

} Sachsen

Die Wahrsagerin
Der Kaiser

Mehrere Ritter, drei Geistliche, ein Stiftsvogt, zwei Bürgermeister, Rechtsgelehrte, Knechte und Mägde, sonstige Bedienstete, Landsknechte, Trabanten, ein Hauptmann, Wachen, Polizei, zwei Abdecker und das Volk

Literaturhinweise

In der Interpretationshilfe verwendete Textausgabe:

Heinrich von Kleist: *Michael Kohlhaas. Aus einer alten Chronik.* Anmerkungen von Bernd Hamacher. Nachwort von Paul Michael Lützeler. Stuttgart: Reclam 1982, 1993, 2003 (RUB 218)
Diese Ausgabe der Novelle enthält eine Karte zum Schauplatz der Handlung und sechzehn Seiten mit nützlichen Worterklärungen.

Weiterführende Sekundärliteratur:

Albert, Claudia (Hrsg.): *Deutsche Klassiker im Nationalsozialismus: Schiller, Kleist, Hölderlin.* Stuttgart, Weimar: Metzler Verlag 1994
Der gut gegliederte Band analysiert unter anderem, wie die Germanistik im „Dritten Reich" Michael Kohlhaas zum Vorkämpfer eines deutschen Rechtsgefühls stilisierte.

Hess, Henner und andere: *Angriff auf das Herz des Staates. Soziale Entwicklung und Terrorismus.* Frankfurt am Main: Suhrkamp 1988
Eine zweibändige, anspruchsvolle Aufsatzsammlung, die untersucht, wie der „linke Terrorismus" der 1970er Jahre die westlichen europäischen Staaten prägte.

SEMBDNER, HELMUT (Hrsg.): *Heinrich von Kleists Lebensspuren. Dokumente und Berichte der Zeitgenossen.* Frankfurt am Main: Insel Verlag 1977
Eine Fundgrube für alle, die sich einen ungefilterten Eindruck davon verschaffen wollen, wie Kleist zu Lebzeiten wahrgenommen wurde.

STAENGLE, PETER: *Heinrich von Kleist.* München: Deutscher Taschenbuch Verlag 1998 (dtv portrait, dtv Band 31009)
Ein Porträt, das aufgrund seiner zahlreichen farbigen Abbildungen und Infokästen einen ebenso aufschlussreichen wie ansprechenden Einstieg in Kleists Leben und Werk bietet.

WESEL, UWE: *Juristische Weltkunde. Eine Einführung in das Recht.* Frankfurt am Main: Suhrkamp Verlag 1984
Dieses Standardwerk gibt in einer verständlichen Sprache einen Überblick über das Recht von heute und dessen historische Wurzeln.

Anmerkungen

[1] Zitiert nach: Heinrich von Kleist: *Werke und Briefe in vier Bänden.* Herausgegeben von Siegfried Streller. Band 3. Frankfurt am Main: Insel Verlag 1986, S. 635

[2] Die Bezeichnung „Zigeuner" – die Herkunft des Wortes ist ungeklärt – gilt inzwischen als diskriminierend für eine ethnische Minderheit, die zwischen dem 9. und 11. Jahrhundert aus Indien auswanderte und sich ab dem 15. Jahrhundert in Mitteleuropa verbreitete. In Deutschland lebte im Mittelalter vor allem die wandernde Gruppe der Sinti; sie wurde vom Staat verfolgt und war durch die Zunftordnung von achtbaren Berufen ausgeschlossen, sodass sie ihren Lebensunterhalt durch Tätigkeiten wie Musizieren, Gaukelei oder eben Wahrsagerei verdienen musste.

[3] Vgl. Nagl-Docekal, Herta sowie Pauer-Studer, Herlinde (Hrsg.): *Politische Theorie. Differenz und Lebensqualität.* Frankfurt am Main: Suhrkamp Verlag 1996

[4] Bloch, Ernst: *Naturrecht und menschliche Würde.* Frankfurt am Main: Suhrkamp Verlag 1972, S. 18

[5] Zitiert nach: Heinrich von Kleist: *Werke und Briefe in vier Bänden.* Herausgegeben von Siegfried Streller. Band 4. Frankfurt am Main: Insel Verlag 1986, S. 256

[6] Wilpert, Gero von: *Sachwörterbuch der Literatur.* 8., verbesserte und erweiterte Auflage. Stuttgart: Alfred Kröner Verlag 2001, S. 177

[7] Vgl. Foucault, Michel: *Der Wille zum Wissen. Sexualität und Wahrheit Band 1.* 2. Auflage 1988. Frankfurt am Main: Suhrkamp Verlag, S. 145–156; Gebauer, Gunter: *Ausdruck und Einbildung. Zur symbolischen Funktion des Körpers.* In: Kamper, Dietmar sowie Wulf, Christoph: *Die Wiederkehr des Körpers.* Frankfurt am Main: Suhrkamp Verlag 1982

[8] Vgl. zu diesem Absatz: HONEGGER, CLAUDIA: *Die Ordnung der Geschlechter.* München: Deutscher Taschenbuch Verlag 1996, S. 46–71

[9] Zitiert nach: SEMBDNER, HELMUT (Hrsg.): *Heinrich von Kleists Lebensspuren. Dokumente und Berichte der Zeitgenossen.* Frankfurt am Main: Insel Verlag 1977, Nr. 346

[10] Vgl. Anmerkung 9, dort: Nr. 347

[11] Vgl. Anmerkung 1, dort: S. 631

[12] Vgl. Anmerkung 1, dort: S. 632

[13] Vgl. Anmerkung 1, dort: S. 634

[14] Vgl. Anmerkung 1, dort: S. 634

[15] FALK, JOHANNES: *Goethe aus näherm persönlichen Umgange dargestellt* (1832), zitiert nach: SEMBDNER, HELMUT (Hrsg.): *Heinrich von Kleists Lebensspuren.* Vgl. Anmerkung 7, dort: Nr. 384.

[16] Zitiert nach: SEMBDNER, HELMUT (Hrsg.): *Heinrich von Kleists Nachruhm. Eine Wirkungsgeschichte in Dokumenten.* München: Deutscher Taschenbuch Verlag 1977, Nr. 666

[17] Vgl. Anmerkung 16, dort: Nr. 678

[18] Zitiert nach: GOLDAMMER, PETER (Hrsg.): *Schriftsteller über Kleist.* Berlin und Weimar: Aufbau-Verlag 1976, S. 569

[19] MANN, THOMAS: *Gesammelte Werke in dreizehn Bänden. Band IX. Reden und Aufsätze 1.* Frankfurt am Main: Fischer Taschenbuch Verlag 1990, S. 833 und 835

[20] Vgl. Anmerkung 1, dort: S. 640

[21] Vgl. Anmerkung 1, dort: S. 641

[22] Vgl. Anmerkung 16, dort: Nr. 464a

[23] SENDLER, HORST: *Über Michael Kohlhaas – damals und heute.* Berlin und New York: Walter de Gruyter 1985, S. 28

[24] Vgl. Anmerkung 1, dort: S. 638

Ihre Meinung ist uns wichtig!

Ihre Anregungen sind uns immer willkommen. Bitte informieren Sie uns mit diesem Schein über Ihre Verbesserungsvorschläge!

Titel-Nr.	Seite	Vorschlag

Bitte hier abtrennen

Lernen • Wissen • Zukunft
STARK

Bitte hier abtrennen

Zutreffendes bitte ankreuzen! **Die Absenderin/der Absender ist:**

- ☐ Lehrer/in in den Klassenstufen: ______
- ☐ Fachbetreuer/in
  Fächer: ______
- ☐ Seminarlehrer/in
  Fächer: ______
- ☐ Regierungsfachberater/in
  Fächer: ______
- ☐ Oberstufenbetreuer/in
- ☐ Schulleiter/in
- ☐ Referendar/in, Termin 2. Staats-examen: ______
- ☐ Leiter/in Lehrerbibliothek
- ☐ Leiter/in Schülerbibliothek
- ☐ Sekretariat
- ☐ Eltern
- ☐ Schüler/in, Klasse: ______
- ☐ Sonstiges: ______

STARK Verlag
Postfach 1852
85318 Freising

21-V1P

Bitte ausfüllen und im frankierten Umschlag an uns einsenden. Für Fensterkuverts geeignet.

Kennen Sie Ihre Kundennummer?
Bitte hier eintragen.

Absender (Bitte in Druckbuchstaben!)

Name/Vorname

Straße/Nr.

PLZ/Ort/Ortsteil

Telefon privat

Geburtsjahr

E-Mail

Schule/Schulstempel (Bitte immer angeben!)

Unterrichtsfächer: (Bei Lehrkräften!)

(Bitte blättern Sie um)